姜昆老师告诉你
必须掌握的礼貌、礼节、礼仪

（亲子图书）

郭宗浩 编著

群言出版社
QUNYAN PRESS
·北京·

图书在版编目（CIP）数据

姜昆老师告诉你：必须掌握的礼貌、礼节、礼仪 /
郭宗浩编著 . -- 北京 ：群言出版社，2016.8
　　ISBN 978-7-5193-0146-0

　Ⅰ．①姜… Ⅱ．①郭… Ⅲ．①礼仪－青少年读物
Ⅳ．① K891.26-49

中国版本图书馆 CIP 数据核字（2016）第 160132 号

责任编辑：刘占凤
封面设计：方糖图书工作室

出版发行：群言出版社
社　　　址：北京市东城区东厂胡同北巷1号（100006）
电子信箱：qunyancbs@126.com
联系电话：010-65267783

印　　刷：北京盛通印刷股份有限公司
版　　次：2016年11月第1版　2016年11月第1次印刷
开　　本：890mm × 1240mm　　1/16
印　　张：11
字　　数：100千字
书　　号：ISBN 978-7-5193-0146-0
定　　价：48.00元

不论时代发生多大变化，不论生活格局发生多大变化，我们都要重视家庭建设，注重家庭、注重家教、注重家风，紧密结合培育和弘扬社会主义核心价值观，发扬光大中华民族传统家庭美德……使千千万万个家庭成为国家发展、民族进步、社会和谐的重要基点。

——习近平

《姜昆老师告诉你：≫≫

必须掌握的**礼貌、礼节、礼仪**》

中国自古就是礼仪之邦，这本书旨在告诉孩子们如何学习礼仪、懂得礼貌。父母和爷爷奶奶可与孩子一起读这本书，让孩子们从小养成知礼仪、讲礼貌的良好习惯。

全国政协常委
教科文卫体委员会副主任
中国关心下一代工作委员会常务副主任
胡振民

我国是礼仪之邦，自古以来就强调交往的艺术，随着国际竞争的日益激烈，礼仪也逐渐成为了个人及团队整体素质的表现，学生应该认真学习体会。

全国政协常委
民盟中央副主席
北京市政协副主席
北京师范大学副校长
葛剑平

在生活、工作中恰当地讲"礼"，就好像舞蹈一样，同样能让人们体会到美好与和谐。

全国政协委员
中国舞蹈家协会主席
冯双白

母亲在孩子的成长过程中，扮演着十分重要的角色，礼仪的规范需要母亲谆谆善诱。

中国妇女发展基金会副理事长

秦国英

礼貌、礼节、礼仪，是知识、是文明。要从孩子抓起，从家长做起，从现在开始。

中国儿童少年基金会秘书长

朱锡生

虽然时代不同，但"礼"的重要性亘古不变，我们应汲取各民族文化中的精华，使传统文明礼仪为当代社会服务。

北京市政协委员

中国基督教三自爱国运动委员会副主席

蔡葵

孩子的健康成长是实现中华民族复兴的重要组成部分，相信《姜昆老师告诉你：必须掌握的礼貌、礼节、礼仪》这本书对孩子的成长大有助益。

全国政协委员

吴巍

古人说：不学礼，无以立；今天的小朋友也要知"礼"、行"礼"，做有礼貌的好孩子！

佰仟金融创始人

刘实

礼貌、礼节、礼仪会让生活中充满了阳光。

中国下一代教育基金会生命阳光爱心基金秘书长

张军

人，要从小讲礼貌、礼节、礼仪。作为企业，其产品优质，服务优良，让消费者放心、满意，就是对全社会老百姓最佳的"礼"。

上海沪臣集团.书歌教育科技有限公司董事长

邱兵

小朋友在游戏中、在体育项目比赛中要遵守规则，更要讲文明、懂礼貌。这样不仅可使自己得到锻炼，还可结交更多新朋友。

北京奥运火炬手协会会长

黄海军

"礼"是一个人文明和教养的深度体现，彬彬有礼让人如沐春风；粗鄙无礼不仅会破坏气氛，还令人反感甚至厌恶。

团中央未来网《生命阳光》频道总监

姜一萍

如果孩子们在幼儿园时就掌握了必要的礼貌、礼节等常识，可使得孩子更加可爱、更加受欢迎；这些常识可使得孩子一生受益。

北京通州区如意中心幼儿园园长

张海燕

俗话说得好："上什么山，唱什么歌。"口语表达贵在因人而异、因时而异，在不同场合要选择最恰当的说话方式——这不仅是一种礼貌，一种修养，这其中也蕴含着一种和谐之美。

中国语文现代化学会少儿口才专业委员会理事长

江帆

学规范、知礼仪，人人宣讲、人人争做彬彬"有礼"好少年。

青年讲演家

孙启

爱心传递
ài xīn chuán dì

小朋友好，大朋友好：
xiǎo péng you hǎo　　dà péng you hǎo

如果这本书是学校、爱心组织、企业、政府等部门赠送
rú guǒ zhè běn shū shì xué xiào　ài xīn zǔ zhī　qǐ yè　zhèng fǔ děng bù mén zèng sòng

给你的，我们希望你掌握了书中的礼貌、礼节、礼仪后，
gěi nǐ de　wǒ men xī wàng nǐ zhǎng wò le shū zhōng de lǐ mào　lǐ jié　lǐ yí hòu

请你将此书传递给其他朋友，这样是在传递爱心、传递文
qǐng nǐ jiāng cǐ shū chuán dì gěi qí tā péng you　zhè yàng shì zài chuán dì ài xīn　chuán dì wén

明、传递友情。另外，请你认真仔细准备，写下你阅读后对
míng　chuán dì yǒu qíng　lìng wài　qǐng nǐ rèn zhēn zǐ xì zhǔn bèi　xiě xià nǐ yuè dú hòu duì

于礼貌、礼节、礼仪的心得，和后边接受你赠书的朋友们一
yú lǐ mào　lǐ jié　lǐ yí de xīn dé　hé hòu bian jiē shòu nǐ zèng shū de péng yǒu men yì

起分享……让我们共同出力，让我们身边的朋友、家人更加
qǐ fēn xiǎng　ràng wǒ men gòng tóng chū lì　ràng wǒ men shēn biān de péng you　jiā rén gèng jiā

友善、文明，更礼貌，让我们的社会更加美好。
yǒu shàn　wén míng　gèng lǐ mào　ràng wǒ men de shè huì gèng jiā měi hǎo

——姜昆
jiāng kūn

姜昆老师爱心图书捐赠活动现场

▲ 姜昆公益基金向未成年人捐赠《姜昆老师告诉你——意外伤害如何防》现场活动合影

▼ 姜昆老师和小朋友们合影留念

▲ 姜昆老师亲切赠书

▼ 贫困地区的小朋友们领到了《姜昆老师告诉你——意外伤害如何防》图书

做个"有礼"的小朋友

小朋友们，同学们，你们知道吗？当我们牙牙学语时，当我们跟小朋友们一起玩耍时，礼貌、礼节、礼仪就悄悄进入我们的生活了。礼貌、礼节、礼仪三个词虽有不同，却都表达了我们对别人的尊重，展现了我们不妨碍他人的美德，掌握了这些，会帮助我们成为有教养、受欢迎的人。

任何一个国家和社会，首先都要用法律来维护社会正常秩序。其次，在这个基础上，每个人都要讲道理——也就是讲公德。最后，一个社会不能缺少"礼"。工作中上下级之间、家庭中长辈与晚辈之间，要相互尊敬和爱护，人人都不能"任性"，要明理、懂礼。

试想，一个不讲礼貌、不懂礼节、不知礼仪的人群中，两个人就会有摩擦，三个人就会有冲突，如果人人这样，社会就会充斥着各种粗野和暴力——这个社会就成为野蛮社会了。在野蛮社会里，人人都没有安全感，我们甚至会感觉处处都是敌人和陷阱。

总之，礼貌、礼节、礼仪是一种重要的人际力量，是人与人交流感情、事与事维持秩序、群体与群体之间保持和谐的重要周旋力量。一个"懂礼"和"守礼"的社会，是一个和谐、融洽的社会。那些因为不懂礼节造成的危害，会带来更多的社会矛盾和纠纷，也会给自己和家人丢脸。如果我们在国外不懂"礼"，还会给国家和民族带来不良影响。

一个懂"礼"的人，"礼"会成为他行万里路的通行证；一个不懂"礼"的人，即使身处要位、占有资源或掌握特长，同样会在与人交往中处处碰壁，难以成就事业。而那些不守"礼"甚至横行霸道地破坏社会秩序的人，他们的恶行，总有一天会给他们带来恶果。一个懂得礼貌、礼节、礼仪的人，不仅受人喜爱，还能获得更多的平安、快乐、友情、机遇，同时还能释放出巨大的"爱"的力量，使得人生更加辉煌，使得生命更有意义。

让我们共同努力吧，让每个孩子成为"有礼"的小朋友，让我们的社会成为人人懂礼仪的乐园。

目录

1. 说话时看着别人的眼睛，与人对视的时候面带微笑。

2. 尊重别人的隐私，不打听他人的私事。

3. 开玩笑适度，不说脏话。

4. 咳嗽、打喷嚏时捂住嘴巴。

5. 推门、按电梯门时让别人优先出入。

6. 轻声关门，离开时轻轻把椅子放回原位。

7. 上下楼梯时脚步要轻；敲门时第一次敲两三下，停七秒再敲第二次。

8. 乘坐公共交通工具，给需要帮助的人让座。

9. 地铁人多的时候，把双肩包取下来。

10. 乘坐扶梯时，除非赶时间，否则自觉靠右。

11. 进出公寓和公共场合的大门，帮别人扶住门，方便他们进出，尤其是帮带小孩的和手里拿着东西的人。

12. 吃饭不吧唧嘴、不翻菜、不剩米粒；喝汤时即使是热汤也不喝出声来。

13. 挂电话时，等对方先挂断。

14. 戴着耳机的时候不和别人说话，说话的时候拿掉耳机。

15. 在宿舍等公共场所里，注意自己说话的声音或动作有没有影响到别人。

16. 给别人递剪刀、刀子等物品时把尖锐的一边朝向自己。

17. 带宠物外出时，自觉打扫宠物的排泄物。

18. 遛狗的时候牵绳，永远别说"我家狗不咬人，所以不用狗绳"。

19. 过马路认真等红绿灯；开车时遇堵车让出人行道。

20. 走路时走外侧，让别人靠里走。过马路时男孩要把女孩护在里侧。

21. 平时开车，车前面有老人、小孩、宠物时放慢车速。

22. 在雨天开车减慢车速，特别是积水处。

23. 停车的时候给车和人留出通道。

24. 给女生递瓶装水或饮料的时候，把瓶盖拧松。

25. 认真接过路上兼职人员发的传单。如果有特殊原因不能接受，也报以微笑，表示感谢。

26. 对门房、迎宾要有礼貌，起码点头笑一下，他们往往是最容易被忽视的。

27. 上菜时对服务员或付款时对收银员说谢谢。

28. 去超市推购物车时，注意不要撞到、蹭到人或者压到别人的脚；经过小朋友身边时伸手护一下。

29. 游览参观时，看到"请勿拍照"的提示，收起自己的相机。

30. 控制自己的情绪，遇事不马上扔狠话，冷静，沉得住气。

31. 不随便评论别人，尊重别人的不同，甚至让你觉得难以理解的地方，也要尊重。

32. 克制优越感，即便有资本。

jiāng kūn
姜昆 主讲老师

dà jiā hǎo wǒ shì xiàng sheng yǎn yuán jiāng kūn wǒ jīn tiān yào gēn dà jiā jiǎng yi
大家好，我是相声演员姜昆。我今天要跟大家讲一

jiǎng lǐ sú huà shuō yǒu lǐ zǒu biàn tiān xià wú lǐ cùn bù
讲"礼"。俗话说"有理走遍天下，无理寸步

nán xíng jīn tiān wǒ bǎ zhè jù huà gǎi chéng yǒu lǐ zǒu biàn tiān xià
难行"，今天我把这句话改成"有礼走遍天下，

wú lǐ cùn bù nán xíng yīn wèi lǐ yí shì qū fēn yí gè rén wén míng
无礼寸步难行"。因为礼仪是区分一个人文明

hái shi yě mán de biāo zhǔn zhī yī yě shì yí gè rén chǔ lǐ hǎo rén jì
还是野蛮的标准之一，也是一个人处理好人际

guān xì de zhòng yào gōng jù hǎo la lǐ yí xiǎo kè táng kāi jiǎng la
关系的重要工具。好啦，礼仪小课堂开讲啦！

郭子慧 幼儿园，6岁

大家好，我叫郭子慧，我6岁了，每天开开心心地上幼儿园。爸爸妈妈、幼儿园老师经常告诉我一些规矩，这些就是礼节吗？爸爸妈妈都很爱我，他们希望我成为一个懂礼的小淑女。

廖令桓 幼儿园，6岁

我是文艺小达人，我的快板最棒！但我总是爱犯唐突、莽撞的小毛病，因为缺少礼仪知识，有时候我因为不懂礼貌得罪人，还会遭白眼，我一定要改变自己！避免总被批评。

陈静思 大学生，20岁，回族

大家好，我叫陈静思。中国是礼仪之邦，作为大学生，我觉得自己的礼仪知识零零碎碎，还需要学习和整理。我也希望做姜昆老师的助手。

戴若凡 幼儿园，5 岁

大家好，我叫戴若凡，我 5 岁了，我要多多学习啦！很多礼仪知识都不懂，希望大家多教我，谢谢啦！

谢颉安 小学一年级，7 岁

大家好，我是谢颉安，我上小学一年级了！我希望快快长大，懂得更多的礼仪，让我长成一个有教养的男子汉。

祝新宇 小学六年级，13 岁

大家好，我是祝新宇，我喜欢科幻片，如果我们不讲文明、不懂礼貌，很有可能会被未来掌握超高科技的后人通过时间隧道看见，那太可怕了。

牛津 高中生，18 岁

大家好，我是高三学生牛津。虽然礼仪知识不用考试，但我希望能掌握更多的礼仪知识，它会帮我更快进步。我希望做姜昆老师的小助手。

学习礼仪，首先要了解一些礼仪、礼节、礼貌等重要概念，一起来看看吧！

礼仪，是人与人表示互相尊重的行为准则和规范。礼节，是人与人表示敬意的惯用规则和仪式，如点头致敬、鞠躬、握手、亲吻、拥抱等。礼貌，是人与人表示相互敬重和友好的最起码的行为规范，如微笑、礼让。

还有一些需要了解的相关概念：公德、规矩、习惯和禁忌。公德是社会维持正常秩序，要求公民共同遵循的最低生活准则，如爱护公物、遵守公共秩序、尊重妇女、关心老幼、救死扶伤等。规矩，指社会中已然存在一定的标准，社会中的人已习惯于遵守的规则。习惯，是指积久养成的生活方式和人们常常自然而然地做的一些事。譬如一些地方的风俗、社会习俗、道德传统等。禁忌是指各个民族风俗文化中忌讳的行为和事物。我们了解民族禁忌，可以在与他们相处时避免一些不必要的失礼、尴尬甚至是冲突。

好啦，了解了重要概念，我们可以开课啦！

礼仪小课堂开讲啦！姜昆老师走到教室门口，听见同学们正在里面滔滔不绝……他侧耳一听，原来大家正在对不文明、不礼貌行为各抒己见呢。

牛 津 不文明、不礼貌行为，大家都见过吗？谁说说看。

戴若凡 我讨厌那些到处乱抽烟的人。有一个叔叔曾经在我身边抽烟，我都被呛咳嗽了。

谢颉安 乱抽烟的人不顾旁人的健康，应该告诉他们去可以抽烟的地点抽，不影响别人才是文明懂礼的行为。

祝新宇 是啊，这些人乱抽烟，让身边不吸烟的人也受到了香烟的伤害。听说二手烟、三手烟，对小朋友伤害最大。

郭子慧 这些乱抽烟的人伤害了他人的健康，真缺乏公德心。

大家一起 是啊……

姜昆老师 （走进教室）大家好，现在我们——上课！

大家一起 （起立）姜——老——师——好。

公共场所有规定的吸烟区，随便吸烟很不文明。

1

姜昆老师 同学们好！听了刚才的讨论，我觉得大家对不礼貌行为很有感触。

郭子慧 不礼貌的人是不是故意的？他们没有教养吗？

姜昆老师 不文明、没礼貌的行为确实特别不好。不过，有些人并没意识到自己的不礼貌、不文明行为，因此也没觉得自己影响了别人。

祝新宇 难道，因为他们不知道，就可以不为自己影响、伤害别人的行为买单了吗？

姜昆老师 当然不是。这些人的一时"任性"，很快会招来人们的反感和憎恶，如果他们不改掉这些坏习惯、坏毛病，那么无论走到哪里都会碰壁甚至受到惩罚。

谢颉安 看来大家还是要讲礼貌的。

牛津 我觉得我们应该及时纠正他们的行为。

姜昆老师 不守礼的原因有很多，有些人不懂礼仪知识，有些人养成了坏习惯一时难以纠正，有些人被客观原因逼迫，只有少数自私的人明知故犯，故意伤害他人。

大家一起 纠正他们，真是一件很困难的工作！

姜昆老师 只要我们从自身做起，用合理、友好委婉的态度去纠正不礼貌、不文明行为，用一点一滴的行动去带动和影响身边的人，那么，社会文明素养一定会逐步提高。

谢颉安 不文明、不礼貌行为是一样的吗？

姜昆老师 不文明和不礼貌很相似又不完全相同。不礼貌是指违反起码的社会公德与礼仪的不文明的言行举止；不文明呢，是指人们由于公共道德缺失而做出的违背公序良俗的举止和动作，如随地吐痰、乱扔垃圾。

陈静思 有些不文明、不礼貌行为，是由于缺少公共设施造成的。有些人很长时间找不到垃圾桶，最后只好乱扔东西了。还有些地方公厕太少，也容易造成孩子随地小便。

牛　津 大城市交通拥堵，有时堵车几个小时，人难免会情绪烦躁产生不文明、不礼貌行为。

祝新宇 如果在高速公路上堵几个小时，有人会"乱放水"了。

姜昆老师 你们说得很客观。有些不文明、不礼貌行为，是由于现有的客观条件造成的。社会的硬件设施、应急措施都应该一起努力跟上。

陈静思 没有意外情况的正常生活中，我们必须好好遵守礼仪。

祝新宇 有些餐厅纵容客人在餐厅内吸烟、吵闹，这些都是有违法规的行为。鼓励和纵容不文明行为的人，是不是也应该谴责和批评？

陈静思 对，如果为了私利而纵容不礼貌、不文明的行为，这就是与其同流合污。

外出时一定要注意个人形象和言行。这是对自己和他人的尊重。

姜昆老师 对于这些餐厅、饭馆，我们应该警告他们。另外，那些随意打电话推销、乱发短信、傲慢无礼的人和单位也应该好好学学礼，否则也会被大家嫌弃。

戴若凡 拒绝不礼貌行为也是一种"劝说"方式吗？

姜昆老师 对呀，拒绝是一种警示和惩戒。后面我们还要介绍如何劝说、制止不文明、没礼貌的行为，到时候再详细告诉大家。现在，说一说你们看到过的不文明、不礼貌行为。

郭子慧 有些人当众挖鼻孔、抠脚丫。他们就是在"污染"环境，真是令人厌恶！

大家一起 真是……

谢颉安 在公共场所，有人因为一点儿小事就吵闹、谩骂甚至厮打，也特别差劲。

祝新宇 有些人的狗狗到处大小便也很不文明，我还踩过一次狗屎！

郭子慧 那些乱丢废弃物的行为，也特别招人反感。

戴若凡 地铁上，有人看到老人、小孩、孕妇、残疾人上车不让座是不礼貌的。

姜昆老师 这些不礼貌现象很糟糕，我为他们感到羞愧。

谢颉安 有人喜欢乱插队，尤其是上下班乘坐公交车时，他们还破坏了共同秩序！

郭子慧 那些乱插队的人简直就是偷时间的小偷！他们强行偷走了排队人的时间。

陈静思 不礼貌、不文明的行为破坏秩序，影响气氛、污染环境、还损害别人的权益。

姜昆老师 我们今天的讨论很好，回家还可以和父母继续讨论。下课。

礼仪小贴士

◎ 不得随处乱丢垃圾废弃物、随地吐痰、当众挖鼻孔、乱吐口香糖、厕后不冲水、不讲卫生留脏迹等。

◎ 不得在公共居住区高空抛物、随处张贴小广告，不可随意涂鸦、乱刻乱画。

◎ 不得在大庭广众之下脱鞋袜、抠脚、赤膊露胸、跷二郎腿、毫不掩饰地剔牙、衣着不雅、衣冠不整等。

◎ 遇到纠纷时不得满嘴脏话、举止粗鲁、大声吵闹、恶语相向、斗殴等。

◎ 不得放纵自己的宠物扰人或任由宠物在公共场合随处大小便。宠物在外大小便后，主人要及时清理干净。

◎ 在公共场所做任何事，切记不要打扰到别人。

◎ 跟别人说话的时候不要走神，要进行适当的眼神交流。说话切忌乱喷口水；打喷嚏时要将脸扭向一边并用手遮挡；打哈欠伸懒腰要挡着嘴。

◎ 在公共场所要保持通道畅通，避免影响其他行人或车辆。

◎ 不得在乘坐交通工具时不排队、争抢拥挤，不得拒绝给老幼病残孕乘客让座。

◎ 在会场、影剧院或图书馆等安静场所，不大声打电话，并将手机铃声调为静音或振动。

◎ 行人通过街道时要走人行横道、天桥、地下隧道，不得随意横穿马路。

◎ 机动车不可加塞儿、乱鸣笛、占用斑马线和应急车道，不开斗气车，必须礼让行人。

◎ 游客不得在古迹、博物馆、寺观等需要保持安静的场所打闹嬉戏。

◎ 外出旅行时，不要强行拉别人合影留念。

5

上课铃响了。廖令桓和戴若凡在走廊争论得面红耳赤。姜昆老师拉着两人进了教室。

姜昆老师 你俩在争什么呢？脸红脖子粗的，太吵人了。这可是很不文明的行为。

廖令桓 我们刚刚在讨论上课不迟到是属于"礼仪"还是"礼貌"，不怪他，是我先喊的，制造了噪音。

戴若凡 我也不该学他大喊大叫，影响别人。

姜昆老师 知错就好。你们知道吗？中国古人说："不学礼，无以立。"意思是说，我们在任何时候都要注意礼仪，不然我们就没法在社会上立足。所以，就算是你们意见不一样，争吵也不是解决问题的办法。你俩刚刚争吵得那么厉害，吵出什么结果了吗？

廖令桓 我俩只顾谁吵得声音大，谁更厉害了，到最后吵什么都忘

争吵不能解决任何问题，要注意说话的礼仪。

了。看来争辩还是要讲道理、讲礼貌的。

姜昆老师 是啊。中国古人看重礼仪，他们说一个人之所以能称作人，就是因为他懂得礼仪。在平时的生活和学习中，我们做任何事也都要以理服人，以礼行事。

廖令桓 难道我俩刚才不讲礼仪，就不是人了？我们是野蛮人？

讨论问题要以理服人。

还要以礼行事。

姜昆老师 一个人只有讲礼仪，才能称为文明的人。如果有人采用吼叫、暴力等不讲理的方式做事，就是一个粗俗、粗鲁的人。无论他拥有多少钱、知识、技能、地位，只要他的行为粗鲁，都会被人反感。

廖令桓 那您今天给我们讲讲"礼"的概念吧。

姜昆老师 （师生行礼之后）好，今天我们讲讲"礼"的几个概念和中华传统礼仪。礼的核心是一个"敬"字。人们心中尊敬的外在表现就是礼仪。陈静思，你能给大家具体讲一讲礼仪吗？

陈静思 （起立回答）礼仪是人际交往中相互沟通的基础，是同一个社会全体成员调节相互关系的规范和共同准则。礼仪具体表现为礼貌、礼节、仪表、仪容、仪态、仪式、礼遇等。

姜昆老师 说得好。礼仪就是在人际交往过程中对人的一种行为规范。而你们刚才争论的礼貌，是指人在言语动作上的表现出来的礼

7

仪。我们加强道德建设需要注意礼仪，使人们在"敬人、自律、适度、真诚"的原则上进行人际交往，告别不文明、不礼貌的言行。

谢颉安 道德是什么？

姜昆老师 道德是社会全体成员的共同行为准则，以是否违背社会善恶标准来判断。

郭子慧 没有道德的社会会乱吗？

姜昆老师 人如果没有道德，他的言行会违反人们共同生活的准则，会直接或间接损害他人利益或公众利益。这样的人也会受到社会的鄙视和谴责。一个社会没道德的人多了，社会就会混乱。

郭子慧 一个人的道德从哪里来？

姜昆老师 一个人言行表现的道德修养，是社会、家庭、学校、个人修养的共同作用的结果。

谢颉安 教养跟道德有关吗？

姜昆老师 教养是指人的行为表

教养跟家庭教育关系密切，体现在一言一行中。

现出的一种道德修养。教养跟一个人的家庭教育、成长背景关系密切，体现在一言一行中。

祝新宇 善良的人是有道德的人吗？

姜昆老师 善良，是指一个人没有恶意、和善、心地好、没心机。善良的人不怀恶意，但这只能说明一个人品质好。善良和有道德不完全一样。

祝新宇 那有美德的人是有道德的人吗？

姜昆老师 美德包括很多方面，它们是能给人增添自我力量的东西。勇气、自信、利他等都可称之为美德。但美德和道德是两个概念：有道德的人可以拥有其他的美德；但拥有很多美德的人却并不一定道德高尚。

祝新宇 一个道德高尚的人，是不是对人很温和？

姜昆老师 温和是一种表达方式，是指不严厉、不粗暴、不激烈。一个道德高尚的人可以激烈也可以温和。温和的人会显得很优雅，很高贵。

谢颉安 优雅和高贵不一样吗？

姜昆老师 优雅，是指人的行为和谐、优美、高雅。而高贵，是指人的品行、地位、思想方面出众，道德水平高，值得人尊重。高贵的人行为可以优雅，也可以偶尔粗暴一下。高贵和卑贱是一对反义词，卑贱是指卑微而低贱。

祝新宇 有钱人就高贵吗？穷人是不是就低贱？

姜昆老师 有钱人叫富有，没钱人叫穷困。高贵和低贱，不能从拥有金钱的数量来衡量，应从一个人的美德和品质来衡量。一个人的品行、道德水准高，即使身处穷困，也不会改变其品行的高贵，这样的人就很高贵。

陈静思 我懂了。一个人无论如何有钱有势，如果他的道德素质低下，他们还属于本性卑贱的人。

姜昆老师 说得好。了解了这些概念，希望大家能更好的从里而外，做一个有礼貌、知礼节的人！

礼仪小贴士

◎ 礼是一个民族、国家在历史中形成的，是为维护本国统治建立的价值观念、道德规范、行为方式的总称。

◎ 一个社会重视开展礼仪教育，是这个社会道德建设和实践的重要内容。

◎ 礼仪有助于形成敬业乐群、勤劳进取、廉洁奉公、讲究效率的良好社会风貌。

◎ 文明，是历史上沉淀下来的，有利于人类适应和认识客观世界的人文精神、发明创造以及公序良俗的总和。

◎ 文明和礼貌能促进个人良好的人际关系，也能促进社会生产力的发展。

◎ 一个国家的礼仪，有助于它治理国家、安定社会、服务百姓，造福后代。礼仪对于一个人的生存发展、事业、婚姻家庭，也能起到良好作用。

◎ 法律是一个国家全体国民意志的体现，也是维护社会安定的主要工具。

◎ 法律是一切人类智慧聪明的结晶，包括一切社会思想和道德。

◎ 法律和礼仪都是治理国家的重要工具，它们互为表里，相辅相成。

◎ 礼仪是一个国家社会文明、道德风尚、生活习惯的反映，是国家、社会稳定的精神动力。

第1节 一天的礼仪

姜昆老师又开讲啦！廖令桓第一个举手提问："姜昆老师，小朋友们在家里时需要遵守哪些礼仪？"姜昆老师："大家先说说吧。"

姜昆老师 小朋友们，你们每天是怎么起床的呢？

戴若凡 妈妈叫我起床，有时候小闹钟也会叫醒我。

谢颉安 奶奶叫我起床，然后我自己穿衣服、洗脸、刷牙。

姜昆老师 每天起床，家庭礼仪也开始了——自己照顾自己起床，不麻烦大人帮忙，这就是懂礼貌。

郭子慧 早晨起床后，小朋友们作为晚辈要向长辈问好！我会跟爸妈说"早上好"。

没错！好习惯要从小学起。

我们不能因为自己是孩子，就可以不讲理、不懂礼。

一天的礼仪

谢颉安 我也会跟奶奶说"早上好"。

姜昆老师 很好,尊敬长辈,主动向长辈问好,是小朋友们必须要学会的礼仪。那么,吃早饭时需要注意什么礼仪呢?

祝新宇 早饭最好等全家人来了一起吃。

郭子慧 早晨那么匆忙,我觉得还是谁先到谁先吃。

姜昆老师 没错。早晨时间太匆忙,不过如果时间允许,最好全家人聚齐了一起吃早餐。

牛津 我也喜欢全家人一起吃饭的气氛。

姜昆老师 现在大家看一段视频。

视频 戴若凡家门口,姜昆老师在敲门。

姜昆老师 谁知道正确的敲门方法?

爸爸妈妈进我的房间也要敲门吗？

没错，长辈也要尊重孩子的隐私。

陈静思 敲门要轻敲两三下，等着对方开门，如果过7秒左右没有应答，再轻敲三下，再耐心等待对方开门。

牛津 不过，现在很多家庭都装有门铃。按门铃时千万不能"叮叮当当"乱按，这样不仅很没礼貌，弄不好还会把门铃按坏。正确的按法是：先慢慢地按一下，隔一会儿再按一下，安静地等待主人来开门。

姜昆老师 没错，这就是正确的敲门和按门铃的方法。大家继续看录像。

视频 戴若凡在客厅听见敲门声，跑去敲敲父母房间的门，喊道："爸爸，外面有人在敲门。"戴若凡爸爸开门走出来，去迎接姜昆老师。

姜昆老师 请问录像里还涉及到了什么礼仪？

郭子慧 戴若凡敲了他爸爸妈妈的房门。

廖令桓 自己家里还用敲门吗？他不能直接推门进去吗？

姜昆老师 在家里，小朋友们要尊重父母、爷爷奶奶等长辈的隐私。进入房间要敲门，等里面的人说"请进"时再进去。刚才戴若凡做得就很好。

郭子慧 爸爸妈妈进入我们的房间也要敲门吗？

廖令桓 大人当然不用啦，我的爸爸妈妈进我的房间就从来不敲门。

姜昆老师 这可不对！长辈也要尊重孩子的隐私。这个问题小朋友们可以和爸爸妈妈提出来，一个和睦的家庭长辈更要注重家庭礼仪。

谢颉安 敲门的时候，手是什么姿势呢？

牛津 正确的敲门手势应该是：右手手指自然弯曲，掌心朝向自己，用中指第二指节敲击门。

谢颉安 是不是需要很大劲敲门呢？我担心声音小了里面人听不见。

牛津 第一次敲门后屋内没反应，可以适当加大力度，但绝对不能用拳捶、用脚踢，更不要连续"嘭嘭"乱敲。

谢颉安 如果门没有关，还需要敲门吗？

牛津 如果门虚掩着或开着，也应当先敲门并询问"我可以进来吗"。

姜昆老师 说得好。现在，大家再看一段录像。

📹 姜昆老师要告辞了，戴若凡一家热情地把姜昆老师送到电梯口，大家有说有笑的。姜昆老师进入电梯，电梯门即将关上时，大家挥手告别。等电梯门关闭后，戴若凡一家才转身回家。

姜昆老师 在刚才的录像中，大家注意到了什么礼仪？

牛津 送客礼仪——我们要热情送客，如果有电梯，最好送到电梯口，等客人进入电梯，门关闭后再转身离开。

谢颉安 如果是我爸爸，他会把朋友送到楼下出租车上，车启动后，他才告别转身回家。

姜昆老师 大家分析得都很好。

礼仪小贴士

◎ 早晨起床问候父母长辈，一句暖暖的话语，让长辈如沐春风。

◎ 晚上睡觉前，向父母长辈道晚安，然后再进房间入睡。

◎ 家里有高龄长辈，应该每天主动到其房间里问候、聊天、送餐递水。

◎ 吃饭时，如果看到自己喜欢的食物不能独占，要学会跟家人分享。

◎ 家庭礼仪没有固定的模式，因时、因事、因人制宜。

◎ 家庭礼仪要遵守三个原则：和睦原则、尊重原则、沟通原则。

和睦原则：家和万事兴，所有的家庭礼仪都要以此为第一准则。

尊重原则：礼仪本身就是尊重的表达。尊重人与被人尊重是一种快乐。

沟通原则：家庭成员沟通彼此的想法和要求，让对方相应调整，这是家庭礼仪的切入点。

◎ 家庭里有客人来，我们要配合父母招待客人，端茶送水，迎接和送别客人。

◎ 如果父母跟客人聊天，我们要看情况，决定自己是陪同还是回避。

◎ 外出时要保证自己仪容整洁，同时告诉家人自己的去向和停留时间，以免家人担心。

◎ 敲门后如果有应声，应侧身站立门的一侧，待门开后向前迈半步，与门内人相对。

第2节 尊老爱幼的礼仪

廖令桓在校园里遇到姜昆老师正在跟校长说话。廖令桓犹豫着要不要上前打招呼。这件事在班里引发了一场讨论。

姜昆老师 廖令桓遇到的这种情况，我们应该怎么办呢？

祝新宇 我们在路上遇见长辈，要主动上前问好。

牛津 姜昆老师正忙着跟校长说话，如果他上前打招呼，有可能会影响老师说话。

姜昆老师 陈静思，这个问题你怎么看？

陈静思 我觉得当时的情况很微妙，不能一概而论。招呼长辈是懂礼貌，不影响长辈说话也是礼貌，当两个"礼貌原则"冲突时，可

在可能发生危险时，礼貌礼仪可以先搁下。

讲礼貌和遵守安全有矛盾吗？

以自己判断该遵守哪个。当时，如果姜昆老师看见廖令桓，主动招呼他，他就可以跟姜昆老师简单打个招呼，再走过去。

姜昆老师 分析得很好，说得也很好。廖令桓，你那天是怎么做的？

廖令桓 我发现您没有注意到我，我就悄悄走了。

姜昆老师 你还是很会灵活应变的。今天我们讨论的内容，说明讲礼貌原则很重要，但它也要服从一些更重要的原则——安全原则、主事原则、恰当原则等。

谢颉安 安全原则？讲礼貌和遵守安全有矛盾吗？

姜昆老师 是的。如果我们在十字路口的斑马线上遇到熟人，这时候打招呼或聊天都会带来安全隐患，我们就可以不打招呼或点头招呼。

郭子慧 主事原则？难道是说讲礼貌不要耽误主要事情吗？

姜昆老师 没错。

祝新宇 恰当原则，那肯定是说我们在一个场合是否讲礼貌，要根据当时的情况，作出最恰当的选择。

姜昆老师 你理解得很对。

牛津 说起安全原则，我想起一个尊重长辈的礼节——在父母有过错时，我们要和颜悦色地劝告。如果他们不肯接受，我们要等他们心情好的时候再劝说。可是，如果父母做的事情存在安全隐患，根据安全原则，我们也应该及时制止吗？

姜昆老师 是的。如果父母由于疏忽大意造成了安全隐患，为了保证家庭成员的人身安全，也要立刻进行制止。

郭子慧 大人做事不是很周到吗？怎么会造成安全问题。

姜昆老师 会的。譬如，有些大人在加油站打电话，他们不知道这样就有可能引起火灾；还有些大人开车时吸烟或接打电话，这都是非常危险的行为。遇到这样的情况，我们要坚决制止。

谢颉安 哦，看来各种礼节真要灵活运用呢。

姜昆老师 没错。下面，大家分别说一项尊老爱幼的礼仪，戴若凡第一个来。

戴若凡 孝敬父母，父母呼唤及时应答，父母交代的事，要立即去做。

郭子慧 父母亲生病时，要力所能及地照顾父母。

廖令桓 不和爸爸妈妈还有长辈顶嘴，不瞪眼、不生气。

谢颉安 小朋友在吃饭、坐座位、走路时，要礼让长辈。

祝新宇 不做令父母头疼的孩子，平时多和父母分享自己生活和学习中的事情。

牛 津 长辈叫人时，我们要去长辈那里，看自己需要帮什么。

陈静思 如果我们犯错受到父母责备，要虚心接受并改正。

姜昆老师 大家说的都很好。课后，大家多学习小贴士里的礼仪。

礼仪小贴士

◎ 父母最好的教育方式是言传身教。

◎ 父母说和做要一致，不可言语和行为相悖。

◎ 父母对孩子的教育要以鼓励为主，不能过于苛求，不能把自己的理念强加给孩子。

◎ 当长辈站立时，我们不可以就座；当长辈坐下并吩咐我们入座后，才可以就座。

◎ 在长辈面前要谦虚有礼，不可炫耀才能。

◎ 在长辈面前说话声音要适中、清晰，声音不要太低或太高。

◎ 长辈教育孩子，要维护孩子的尊严，使孩子在互敬互爱的家庭氛围中成长。

◎ 在家庭里，作为兄长的要爱护弟、妹，作为弟、妹的要尊重兄长。

◎ 兄弟姊妹要和睦相处，互相付出和爱护，不要竞争攀比，更不要争风吃醋、挑拨离间。

◎ 兄弟姐妹说话，也要讲究方式方法，尽量体现尊重，避免伤害别人的自尊。比如，称呼要用尊称，不可直呼其名。

第3节　家庭礼貌用语

牛津去廖令桓家做客。廖令桓妈妈开门时，两人一个叫"妈妈"，一个叫"阿姨"。这情景让牛津有了想法。第二天，他问了姜昆老师一个问题："您会怎么称呼廖令桓的妈妈呢？"

姜昆老师　因为廖令桓妈妈比我小很多，是我的晚辈，我可以直接叫她的名字。

牛津　一个人可以有那么多不同称谓啊！

姜昆老师　没错。同一个人，他（她）会遇到不同关系的人，就会产生不同称呼。比如我，我女儿叫我爸爸，我爱人叫我老伴，年轻人叫我姜先生，朋友们喜欢叫我老姜。

郭子慧　哇，称呼真多呀，怎么才能找到恰当的称呼呢？

廖令桓　那天姥爷的好朋友老张来玩，我叫他"老张"他很不高兴。

姜昆老师　小朋友对长辈应该用尊称，如果你用了同辈之间的称呼，这样就是错误的。

廖令桓　姥爷叫他老张，我以为他的名字就是老张呢。

牛津　当不了解如何称呼对方时，小朋友最好先询问一下家人，以免引起对方的不快。

廖令桓　没错，后来姥爷告诉我应该叫他张爷爷。

姜昆老师　除了正确称呼之外，大家注意家庭礼貌用语了吗？

谢颉安　道歉说"对不起"，原谅说"没关系"，感谢说"谢谢你"。家里也要说这些吗？

姜昆老师　当然，即使对熟悉的家人我们也要用礼貌用语，表达尊重。

廖令桓 那么客气干吗，多麻烦啊！

姜昆老师 在家里更要讲礼仪，习惯成自然，在家里讲礼仪，百利而无一害。

廖令桓 说"谢谢你"很容易。但说"对不起"，有点难啊。家里人也一定要说"对不起"吗？

姜昆老师 如果做错了事，一定要挽救或弥补。"对不起"，就是一种表达歉意的态度，表示自己已经意识到失误，以后不会再这样做，同时还表示对家人的尊重。

牛津 说"对不起"表示很珍惜自己和对方的关系，希望努力修复双方的关系。

廖令桓 这样说来，说"对不起"很重要啊。

姜昆老师 没错。犯错的人真诚说句"对不起"，能让对方觉得安慰并原谅你。

犯错必须要道歉。

谢颉安 如果对方偏偏不原谅呢？

姜昆老师 对方还不原谅你，你就要接受现实，绝不要抱怨对方。只要你继续释放善意，很有可能过段时间对方会与你和解。

郭子慧 爸爸总说："家庭和谐最为贵。家人之间要宽容、理解，不去斤斤计较。"

姜昆老师 即使这样，犯错也必须要道歉。这是最基本的礼貌。犯错不道歉是非常粗鲁愚蠢的，是错上加错，甚至有可能会对对方造成二次伤害，让对方产生厌恶心理。所以，犯错后一定要勇于说"对不起"。

廖令桓 原来一句"对不起"这么重要，可以减少人与人的摩擦。

礼仪小贴士

◎ 打扰和请求帮忙的语言：劳驾、麻烦您一下、您能帮我一下吗？

◎ 问候的语言：早上好、您早、晚上好、晚安、好久不见。

◎ 致谢的语言：谢谢您、多谢了、十分感谢。

◎ 拜托的语言：请多关照、承蒙关照、拜托。

◎ 慰问的语言：辛苦了、受累了、麻烦您了。

◎ 赞赏的语言：太好了、真棒、美极了、有品位。

◎ 致歉的语言：实在抱歉、请原谅、真过意不去、失礼了、这是我的过错。

◎ 迎送用语：欢迎、欢迎光临、欢迎再次光临、再见。

◎ 祝贺用语：祝您节日愉快、祝您生意兴隆、祝您演出成功。

◎ 询问用语：您有什么事情？需要我帮您做什么事情？需要帮忙吗？

◎ 应答用语：没关系、不必客气、非常感谢、谢谢您的好意。

第4节 生活自理不添麻烦
dì jié shēng huó zì lǐ bù tiān má fan

shàng xué le，kuài yào chí dào de liào lìng huán huāng huāng zhāng zhāng de pǎo jìn jiào shì
上学了，快要迟到的廖令桓慌慌张张地跑进教室，

tóng xué men kàn dào tā dōu rěn jùn bù jīn
同学们看到他都忍俊不禁。

姜昆老师 dà jiā zài xiào shén me
大家在笑什么？

郭子慧 lǎo shī nín kàn   liào lìng huán jiā kè chuān fǎn le   kòu zi hái wāi le
老师您看，廖令桓夹克穿反了，扣子还歪了。

廖令桓 zhēn diū liǎn   yí huìr   wǒ qù wèi shēng jiān bǎ yī fu fān guò lái
真丢脸，一会儿我去卫生间把衣服翻过来。

姜昆老师 liào lìng huán de zì lǐ néng lì yǐ hòu huì màn man tí gāo   jīn tiān   dà jiā xiān shuō shuo zì jǐ
廖令桓的自理能力以后会慢慢提高。今天，大家先说说自己
de shēng huó zì lǐ néng lì
的生活自理能力。

戴若凡 zài jiā li   fù mǔ zhào gù xiǎo hái shì yīng gāi de   wèi shén me yào xué xí shēng huó zì
在家里，父母照顾小孩是应该的，为什么要学习生活自
lǐ
理？

zài shè huì shang   bù gěi bié rén tiān
在社会上，不给别人添
má fan shì jiǎng gōng dé   zài jiā li   bù
麻烦是讲公德；在家里，不
gěi jiā rén tiān má fan shì jiǎng sī dé
给家人添麻烦是讲私德。

bù gěi jiā rén
不给家人
tiān má fan shì yǒu lǐ
添麻烦是有礼
de biǎo xiàn ma
的表现吗？

姜昆老师 小朋友们在很小的时候无法照顾自己，这时候就必须由父母来照顾。可是，当小朋友们慢慢长大，就要学习各种生活技能，学会自理，不再麻烦家长。

陈静思 是啊，大家要尽早学会生活自理。如果爸爸妈妈不在身边时，我们还没学会照顾自己，那就有大麻烦了。

郭子慧 我们总是离不开妈妈的照顾。

姜昆老师 小朋友们随着不断地成长，尽量自己的事情自己做，不给家人添麻烦是家庭中最起码的礼貌。

谢颉安 不给家人添麻烦是有礼貌的表现吗？

姜昆老师 是啊！在社会上，不给别人添麻烦是讲公德；在家里，不给家人添麻烦是讲私德。这些都是有礼貌的表现。这两点要牢记！

陈静思 生活自理和家庭成员互相帮助，是不是有冲突呢？

姜昆老师 家庭成员互相帮助，是指自己做不到或做起来困难的事让

我在家里主动干活。

愿意帮助家人的孩子都是懂礼貌的好孩子。

别人来帮助。小朋友如果有无法独立完成的事情，也可以请求爸爸妈妈帮忙，这样才能更快、更好地学会自理，还能避免出现事故。

所以说，生活自理和家庭成员的帮助不但不矛盾，还相辅相成。

戴若凡 怎样才算生活能自理？

姜昆老师 对于像你这么大的孩子来说，能照顾好自己的吃、穿，乖乖上幼儿园，不随便触碰危险的电器，玩耍时远离妈妈的厨房，自己的琐事尽量自己做等等就是生活自理。

陈静思 "琐事"就是生活中的小事。譬如刷牙、洗脸、穿衣服、收拾书包……这一件件的小事，小同学们都要慢慢学会自己做。

郭子慧 我除了会照顾自己，还会帮妈妈刷碗。

姜昆老师 你很懂礼貌，愿意帮助家人的是好孩子。

礼仪小贴士

◎ 自理，指自己照顾自己日常生活，自己能解决的问题，不依靠别人。

◎ 家庭里要讲究家庭道德，尽早学会生活自理是小朋友最基本的家庭礼貌。

◎ 早晨自己洗脸梳妆，保证仪容整洁，扣好衣服，鞋带系紧。

◎ 年纪大些的孩子可以承担力所能及的家务，如洗碗、拖地、洗衣服等。

◎ 父母工作很辛苦，要赚钱养家，孩子应该学会理解、体谅父母。

◎ 外出要告诉家长去向和时间，不要让他们为我们的安全担心。

◎ 如果不经家长允许，小朋友不能在外面过夜。这些礼貌行为，都能帮父母减轻心理负担，会让他们感觉欣慰。

◎ 衣食住行要勤俭，不乱花钱，不和别人攀比，不提过分要求。

第1节 校内礼仪

星期天，廖令桓往学校里跑，结果在校门口被门卫拦住了，俩人争执起来。碰巧，姜昆老师和同学们看到了这一幕。

门卫 这位同学，进入校园要衣冠端正，仪容整洁。不能穿着背心、拖鞋来校园。

廖令桓 （走过来冲姜昆老师眨眨眼睛）星期天也要这么严格吗？

姜昆老师 星期天也要严格遵守学校制度。学校是一个教书育人的重要场所，所有进入学校的学生都要衣冠端正。

廖令桓 （转身就跑）那我赶紧回家换衣服和鞋子，一会儿见！

学校是一个教书育人的重要场所，所有进入学校的学生都要衣冠端正。

再见！我回家换一身整洁的衣服再来。

同学们 廖令桓慢点，不要摔跤啊！

姜昆老师 举止稳重也是好的礼仪习惯，这一点儿廖令桓需要加强学习。

廖令桓 （赶紧把步子慢下来）好的，知道了。

姜昆老师带着大家走进校园。

姜昆老师 你们谁知道，在校园里，学生们还应该遵守哪些礼仪规范？

戴若凡 我知道。学生要自觉保持校园整洁，不能乱扔纸屑、果皮。

郭子慧 在校园的教室、楼道、操场上，都要讲卫生。

姜昆老师 没错。就算在别人看不见的地方，我们也要注意，保持该有的自觉性。

戴若凡 讲卫生包括不能随地吐痰，如果想要吐痰可以吐在纸里，包起来再扔进垃圾桶里，这样不影响环境美观。

姜昆老师 说得对。

谢颉安 在学校里，我们还要注意语言卫生，不能说粗话、脏话。

姜昆老师 谢颉安小朋友说得好。在学校里，学生们尤其要注意语言文明。在其他任何地方，一样要注意语言文明。

牛津 在学校里，无论师生都要爱护学校的公共财物、花草树木。因为学校是我们共同的家园，我们都要爱护它。

陈静思 学校就是我们的大家庭。在学校里，我们要像在家一样节约用水用电。

姜昆老师 大家说得都很好，我们大人也和你们一起遵守规定。

廖令桓 （开开心心地跑回来）快看，我现在干净整洁了吧！你们已经讨论很久了？我是不是错过了一节课？

姜昆老师 大家会帮你再讲一下的。

礼仪小贴士

◎ 进入校园要衣冠端正，认真对待和接受礼仪检查。

◎ 对学校里的工作人员要以礼相待，言语尊重。工作人员也要尊重学生。

◎ 骑自行车入校时要下车，推车入校，将自行车存放在指定地点。

◎ 食堂用餐时要排队礼让，不拥挤，饭前要洗手，要爱惜食物，不挑食。

◎ 如果和老师一起吃饭，要请师长先入座。

◎ 在教室里要随时保持安静、整洁，维护教室良好的学习环境。

◎ 不在黑板、墙壁和课桌椅上乱涂、乱画、乱抹、乱刻。

◎ 课间要注意卫生和安全，不追逐打闹，不快速奔跑，在楼道内遇到同学应放小脚步，慢行礼让。

◎ 上厕所时讲究卫生，大小便入池，便后冲厕；便前便后要洗手。

◎ 当同学亲友来访，谈论私事时，其他同学应注意回避，不要插嘴。

第2节 融洽的师生关系

一天，廖令桓在上课时看漫画书，还偷偷地笑出了声音，被姜昆老师发现了。

姜昆老师 廖令桓！上课认真听讲是最基本的课堂礼仪，也是尊重老师的劳动。记住！长大工作以后，你很难有这样的环境了，多少人都因上学时不努力学习后悔一生呀。

廖令桓 对不起，我一定记住您说的话！珍惜学生时代。

姜昆老师 知错就改是好的，你一定能学到更多知识。

过了一会儿，下课铃声响起。

姜昆老师 下面我们体验一下体育课，同学们的一切行动都要听老师和课代表指挥。

同学们 知道了。

谢颉安 嗨！廖令桓，今天姜老师批评你，你表现得很懂礼貌啊。

廖令桓 上了那么多礼仪课，总是要有进步的嘛。

郭子慧 你的进步真是令人刮目相看呢！

廖令桓 嘿嘿，小意思！走，上体育课喽……

郭子慧 廖令桓，你穿着凉鞋怎么上体育课呢？

廖令桓 哎呀，我忘记换运动鞋了，怎么办？

郭子慧 只能请假喽。

廖令桓 请假？这也太夸张了，我穿着凉鞋也能跑步和跳远。

学生上课认真听讲，是最基本的课堂礼仪。

对不起，姜昆老师。

郭子慧　你忘记了"安全原则"吗？穿凉鞋上体育课有隐患，所以要坚决制止哦！

谢颉安　没错，穿着凉鞋跳远很容易扭伤脚。你还是去找姜老师请假吧。

廖令桓找到姜昆老师的办公室。

廖令桓　姜老师，今天的体育课我要请假。我今天没穿运动鞋。

姜昆老师　上次就说了体育课一定要穿运动鞋，怎么又忘了？

廖令桓　我……我又不是……故意的……

姜昆老师　知道你不是故意的，以后要每天早上看看一天的课程。

廖令桓　对不起，我忘记穿运动鞋是不应该的，以后一定不会忘了。

姜昆老师　好吧，锻炼时一定要记得穿运动鞋、运动服。今天你既然不适合做运动，就帮同学们管理体育器材吧，也可以当观众，给大家鼓鼓劲。

廖令桓　好的，谢谢姜老师！

为了防止意外隐患，小朋友们一定要遵守安全原则。

礼仪小贴士

◎ 上课铃响后，学生要端坐教室里恭候老师上课。

◎ 老师走进教室，班长喊"起立"，全体学生起立向老师问好。

◎ 课堂上认真听老师讲解，注意力集中，重要的内容做好笔记。

◎ 学生迟到应喊"报告"，得到教师允许后，才可以进入教室。

◎ 有疑问时应举半臂右手，经老师允许后起立发言，不边举手边说。

◎ 起立发言时，态度要大方，声音要清晰响亮并使用普通话。

◎ 下课铃响起，老师如果没有讲课完毕，学生可稍微等待。

◎ 下课时，全体同学应起立说"老师再见"。

◎ 学生要虚心接受老师的正确教育，认真改正错误，这是对老师也是对自己的尊敬。

◎ 学生对老师虚心、诚实，言行有礼，老师也对学生如此。

◎ 校园内遇到老师应主动问好，在道路（楼道、走廊）狭窄处主动给老师让道。

◎ 老师对你误解时，不要顶撞老师，事后可找机会加以说明。如果觉得老师有问题或错误，学生可以和父母商量，必要时可向校领导或有关部门反映，千万不可采取极端行为。对待品质不好的老师一定要向家长或校领导反映。

◎ 学生对老师的相貌、衣着不要品头论足。

◎ 老师和家长交谈时，学生可根据情况决定是陪坐还是回避。

◎ 老师生病，全班可选派代表去看望。

◎ 老师要遵守教师的道德操守，爱护所有学生，并做学生的榜样。

◎ 紧急情况时，可以不打招呼先去办，回来再向老师解释，比如突然要拉肚子了、突然鼻子流血等等。

第3节 友爱的同学

课间休息时，廖令桓想借一块橡皮。他左右转了一圈，看见祝新宇的桌上有一块橡皮，再看看旁边没人，就直接拿来用了。

祝新宇 我的橡皮呢？

廖令桓 在我这里呢！我一会儿用完就还给你。

祝新宇 你拿人家的东西，要经过人家的同意！

廖令桓 （一下子把橡皮扔在祝新宇的桌上）哼！还给你的臭橡皮！

祝新宇 你真没礼貌！咱们去找姜昆老师评理去！

廖令桓和祝新宇来到姜昆老师面前。

姜昆老师 在我们需要借用同学的学习和生活用品时，一定要先征得同意再拿，所有不告而取的行为都叫做"偷"。所以，祝新宇批评你是有道理的。

廖令桓 只是一块橡皮，我只是用一下而已。

牛津 那你有没有经过他的允许？

廖令桓 他当时不在教室里，我怎么经过他的允许呢？

牛津 这不是理由。如果你不告而取，严格意义上就是偷。而且，我们用完别人的东西一定要及时归还，并要致谢。你不但没有致谢，还恶语相加，这是错上加错。

廖令桓 我觉得同学之间很熟悉，在一些小事上，麻烦的礼节不要也没关系。没想到会这么严重。

姜昆老师 同学之间长期相处，亲密友爱，有人就认为不用以礼相待，其实大错特错。同学感情是在互相尊重、互相帮助、互相爱护的基础上形成的，越是如此，就越应该用礼仪来维护它。上面这种情况，祝新宇回来时，廖令桓应该立刻告诉他拿了橡皮，就不会有误会了。

廖令桓 看来，今天真是我做得不妥当。祝新宇，对不起。如果你当时在教室，我一定会告诉你的。

祝新宇 没关系。我刚刚也不应该大呼小叫的。

廖令桓 来，咱们握握手吧。

祝新宇 （冲廖令桓做个鬼脸）因为一块橡皮，差点儿让你成为小偷，看来以后我们还是要保持同学之间该有的礼仪。

廖令桓 （一下子脸红了）我才不是小偷呢！

姜昆老师 同学遭遇失误、失败、不幸、生活或学习上的暂时落后时，我们在说话时更应该注意，不要说出带有嘲笑、歧视和侮辱性的语言，而是要关心帮助他们。

一个帮助、关心和爱护别人的人，一定是受欢迎的人。

明守礼

33

祝新宇 对不起，廖令桓，我刚刚说话欠缺考虑。

廖令桓 我们还是好朋友。以后别这样了。

祝新宇 好的。同学之间要互相尊重，不要互相取笑。

姜昆老师 这样就对了。同学之间要团结互助。一个能帮助、关心和爱护别人的人，一定是受欢迎的人。

牛津 是的。另外，我觉得有些个子高、力气大的同学恃强凌弱，这是没礼貌、没教养的行为，他们还觉得是"出风头""有本领"。这些荣辱不辨的野蛮举动，必须彻底纠正。

姜昆老师 能成为同学是缘分，同学是一生中最难忘的成长伙伴，我们要为同学团结友爱多多努力。

大家一起 好的。

礼仪小贴士

◎ 早上同学相见时，应互相致意问好。

◎ 同学可直呼其名，但不能用"喂""哎"等不礼貌的用语。

◎ 同学之间应互相尊重，不能侮辱、伤害他人的自尊心，比如嘲笑同学的相貌、体态，给同学起歧视性、侮辱性的绰号、外号，不同民族的同学更要尊重对方的文化习惯。

◎ 不要在同学面前说长论短，搬弄是非，不传闲话。

◎ 男女同学相处、开玩笑要讲究尺度，不许动手动脚，打打闹闹。

◎ 成绩优异的同学要戒骄戒躁，还要帮助暂时落后的同学。

◎ 学习落后的同学应虚心求教，不能照抄作业或偷看答案。

◎ 对成绩优异或进步明显的同学，要虚心学习，真诚祝贺。

◎ 同学之间有意见分歧时，应心平气和地讲道理，不靠比他人个子高、身体壮就辱骂、殴打同学，那属于野蛮行为。

◎ 对同学的过失要宽宏大量，学习换位思考来看待问题。请同学帮忙时，要用"请""谢谢""麻烦你"等礼貌用语。

◎ 借用同学东西时，应先征得对方的同意，用后要及时归还并致谢。

◎ 记住！每个人都是独特的，都有自身的长处和短处，暂时的学习成绩不能代表以后是否优秀。

第4节 办公室、图书馆礼仪

姜昆老师带着大家去图书馆查资料。小朋友们安安静静地来到图书馆，一切都很顺利。直到廖令桓有了新发现。

廖令桓 快看，这本书被谁挖了一个大洞。这面是图，背面是文字，少了这么一大块。

谢颀安 哎呀，少了这一块，故事不完整了。

戴若凡 这是谁干的？太缺德了。

郭子慧 这人太讨厌了，损人利己。

姜昆老师 嘘——大家不要大声喧哗。

廖令桓 姜昆老师，您看看这本书。

姜昆老师 为了自己的一时之快，不顾其他读者的利益，这样自私自利的行为应该受到惩罚。

郭子慧 可是我们不知道是谁干的啊。

姜昆老师 没事，图书馆有借书记录。只要查一下上一次是谁借的，就能找到这个"开天窗"的人了。

图书管理员 发生了什么事情？

姜昆老师 您看看这本书，页面被损坏，已经影响到阅读了。我建议您查看借阅记录，找到书籍的破坏者赔偿。

图书管理员 十分感谢您的建议，这件事我们一定会调查清楚。现在，我给您另外换一本。

廖令桓跟着图书管理员去换书。这时，姜昆老师的手机收到一条短信。

姜昆老师 郭子慧，谢颉安，美术老师让你们去她办公室一趟。你们的美术作业有个问题，她要当面和你们讨论一下。

郭子慧 好的，我们现在就去。

郭子慧和谢颉安来到美术老师的办公室，门开着。

谢颉安 报告！

郭子慧 为什么要报告，办公室的门开着呢。

谢颉安 办公室是老师静心工作的地方，如果有事需要进入办公室，我们要先敲门，门开着也要喊报告，征得老师的同意才能进去。

不可以，办公室是老师静心工作的地方，进入时一定要敲门。

办公室的门开着，我们进去吧！

郭子慧 哦，我想起来了！这个问题我们讨论过。还有，进入办公室后，说话尽量要小声，不能影响其他老师的正常工作。

谢颉安 没错。

美术老师 进来。

郭子慧和谢颉安 老师好。

美术老师 你们好。这是你们的作业，整体画得很好，只是这里的颜色有些不太好。看，这里——

郭子慧 老师，我知道了。

谢颉安 老师，那我们回去再重新画一遍。

美术老师 好的，画好后再交上来。

郭子慧和谢颉安 好的。老师再见。

美术老师 再见。

礼仪小贴士

◎ 去图书馆时应衣着整洁，轻声轻步，保持阅读环境的清洁和安静。与人交谈时应轻声细语，如果需长时间讨论，应到室外。

◎ 遵守图书馆规章，自觉爱护图书馆设施、图书和报刊，严禁涂画、撕扯、聊天、嬉戏、打闹、吸烟等不文明行为。

◎ 不抢占座位，空位人人可坐。当准备坐在别人旁边的空位时，应礼貌地询问一下。

◎ 在图书馆借还图书、进行微机检索、课题查询和复印，或在语音室听录音、在影像室看录像等，都要守秩序。

◎ 学生进老师办公室要先敲门，进入办公室时言行要规矩。

◎ 如果对老师的教育或批评感到困惑，或者觉得与实际不符，要等老师讲话结束，再说出自己的想法，最好不要打断老师的讲话。

第5节 宿舍礼仪

谢颉安急匆匆地跑进姜昆老师的办公室，说："姜昆老师，我们宿舍的祝新宇和廖令桓吵起来了。"姜昆老师赶到男生宿舍。

廖令桓 不就是用你脸盆里的一点儿水吗？有什么了不起！

祝新宇 你刚刚上了厕所，又用我水盆里的水洗手，我还怎么洗脸啊？你就是一个只顾自己的自私鬼。我讨厌你。

廖令桓 用你一点儿水就大发雷霆，你是个小气鬼！我还讨厌你呢！

祝新宇 你是自私鬼！

廖令桓 你是小气鬼！

这时，姜昆老师走进宿舍。

姜昆老师 两个男子汉大呼小叫，吵得脸红脖子粗，多有失风度啊！

用别人的东西前一定要征求对方的同意，这是起码的礼貌。

拼搏

廖令桓 我只是用他水盆里的水洗了一下手。这么小的事他都斤斤计较。

姜昆老师 用别人的东西前一定要征求对方的同意，这是起码的礼貌。是你不遵守人际规则在先，别怪他会不高兴。

同学之间遇到问题，一定好好说话，不能出口伤人。

祝新宇 就是啊，你弄得一脸盆水都脏了。

姜昆老师 祝新宇，你也要检讨自己。你们之间要互相谦让。廖令桓有粗心大意的毛病，你是知道的。同学之间遇到问题，一定好好说话，不能出口伤人。如果别人侵犯了你一点点利益你就大动干戈，那以后大家都不敢跟你接触了。

祝新宇 是的，我恶语伤人很不礼貌。我以后会多多帮助廖令桓。

姜昆老师 这样就对了。

牛津 姜昆老师，我们宿舍同学平时相处挺好的，很少像今天这样打打闹闹的。

姜昆老师 那今天怎么回事呢？

祝新宇 我今天感冒了，心情不好，一看到不开心的事就发脾气了。

wǒ yǐ hòu huì zhù yì
我以后会注意。

戴若凡 zhù xīn yǔ gē ge wǒ men dōu bù zhī dào nǐ bìng le wǒ gěi nǐ dào bēi shuǐ hē ba
祝新宇哥哥，我们都不知道你病了。我给你倒杯水喝吧！

祝新宇 xiè xie nǐ hái shi wǒ lái dào ba xiǎo xīn shuǐ rè tàng zhe nǐ
谢谢你，还是我来倒吧。小心水热烫着你。

戴若凡 hǎo de
好的。

姜昆老师 nǐ men zhè yàng tuán jié yǒu ài duō hǎo a yí zhè lǐ shì shuí chī shèng de dōng xi méi yǒu
你们这样团结友爱多好啊！咦，这里是谁吃剩的东西没有
rēng a nòng de sù shè lǐ yì gǔ guài wèi
扔啊？弄得宿舍里一股怪味。

廖令桓 bù hǎo yì si shì wǒ de wǒ xiàn zài jiù rēng diào
不好意思，是我的。我现在就扔掉。

姜昆老师 liào lìng huán zuì dà de yōu diǎn jiù shì zhī cuò jiù gǎi xī wàng tā biàn de yuè lái yuè hǎo
廖令桓最大的优点就是知错就改。希望他变得越来越好。

大家一起 wǒ men dōu huì bāng zhù tā de
我们都会帮助他的。

礼仪小贴士

◎ 室友间应互相尊重，互相帮助，团结友爱，不议论他人隐私，不侮辱他人人格，注意语言文明。

◎ 早上起床和晚上就寝应按照学校规定时间执行，以免影响其他室友休息。

◎ 起床后，床上用品要保持干净、整洁，水杯、饭盒等日用物品放在规定地方，脏衣服、脏鞋袜、用后餐具要及时清洗，以免影响宿舍内空气质量。

◎ 寝室人人动手，应经常打扫宿舍内外，包括地面、桌椅、橱柜和门窗等，共同保持环境卫生。

◎ 自己的重要书籍、衣物、用品，要妥善保存，以免丢失。

◎ 不随便乱翻、乱动别人的东西。

◎ 向室友借东西，用后要及时归还并致谢。如果别人不借给你，也不要记恨在心。别人帮你或不帮你都是别人的自由和权利。

◎ 当有亲友、朋友等客人来访，应提前跟室友说明；客人进入宿舍后，要主动为同学介绍。对待室友的客人应热情有礼，这既是尊重自己的同学和亲友，也是自我礼仪的体现。

◎ 到其他宿舍拜访时，应避开别人的休息时间，拜访时间也不宜过长，同时进入宿舍后，要坐在邀请自己的同学的铺位上，或者凳子上。

◎ 不随便留人住宿，尤其是不明底细的人，以免出现问题。

第1节 仪容、举止礼仪

在这节礼仪课上，姜昆老师请来一位神秘客人——"白雪公主"（志愿者客串）。她要给小朋友们讲一讲仪容整洁和举止得体的礼仪。大家高兴坏了，纷纷凑上前去。

姜昆老师 今天，我给大家请来的代课老师，大家喜欢吗？

同学们 喜——欢——

郭子慧 白雪公主，你比童话故事里的还要美丽！你的蓬蓬裙也好漂亮啊！

白雪公主 谢谢，你也是非常美丽、漂亮的小姑娘。

戴若凡 白雪公主，你穿的裙子好庄重，好像参加宴会一样。

白雪公主 一个人打扮得漂漂亮亮、干干净净，是爱自己同时也是尊重别人的最基本的礼仪。想到今天要来为同学们讲课，我出门前便特意打扮了一番。

郭子慧 小朋友们可以穿像你这种漂亮的蓬蓬裙吗？

白雪公主 可以穿啊。你上学时穿整洁大方的校服，到了节假日，就可以换上自己喜欢的衣服啦。

郭子慧 我妈妈说，小孩子不要打扮得花枝招展，要保持朴素美。

白雪公主 你妈妈说得没错。可是你妈妈的意思，并不是说小朋友不可以穿漂亮的衣服，而是想要告诉你，在学校读书应该在品德、修养和学习上用功，而不是相互攀比一些外在的东西，比如衣服啦、玩具啦。

郭子慧 哦，原来是我一直误会妈妈了。

这时，白雪公主走到廖令桓的桌前，廖令桓忍不住伸手，轻轻拉着白雪公主的白纱裙。陈静思看见后，走上前拍了一下廖令桓的手。

陈静思 廖令桓，无论你多么喜欢对方，在别人允许之前，你都不可以摸对方的衣服——这样是冒犯对方的行为。幸亏你是个小孩子，如果是大人的话，就是要耍流氓，在很多国家，你可能被警察逮捕。

廖令桓 对不起，白雪公主。

白雪公主 没关系，下次别这样。这些都是很不得体的行为举止——咦，廖令桓，我怎么闻到你身上有一股汗馊味？

廖令桓 你的鼻子真灵！这是我最喜欢的运动衫，我已经穿了一个星期，舍不得换下来。

郭子慧 难怪我老闻到有怪味，原来是廖令桓身上的味道。

陈静思 廖令桓，你一个星期没洗澡了吗？

廖令桓 夏天，我两天洗一次澡。

中华传统美德

个人卫生会影响到身边人。我们一定要做爱干净的好孩子。

廖令桓，你身上的味道好难闻啊！

白雪公主 夏天我们每天都要洗澡，不然身上就馊了。

廖令桓 哪有那么严重？再说我洗不洗澡，难道不是我自己的事吗？

白雪公主 在集体生活、学习中，我们每个人都要学会考虑他人的感受。你想想，你浑身散发奇怪的味道，坐在你身边的同学闻着多不舒服？这也是对别人的不尊重，所以洗澡有时候不仅仅是个人卫生问题。

廖令桓 我明白了，我以后一定会勤洗勤换的。

姜昆老师 希望通过这节课，以后大家能在仪容和举止方面有很大进步。

礼仪小贴士

◎ 在个人礼仪中，对发式的基本要求是：头发整洁、发型大方、长短适中。发式选择最好和自己的气质、年龄、身份相吻合。

◎ 男士应剃净胡须，显得整洁干练。女士应适当化淡妆，避免使用气味浓烈的化妆品。

◎ 勤洗勤换，保证个人卫生清洁，剔牙、掏鼻孔、挖耳屎、搓泥垢等行为应避开他人进行。

◎ 说话时音量适中，不喧哗嚷嚷，不对人口沫四溅。

◎ 服装打扮要优先考虑时间和场合。比如，在家里可穿舒服的居家服，如果到学校和社交场合，要穿适合自己年龄和身份的正式服装。

◎ 正式场合中，男士西装应搭配合适的领带；女士应化妆、穿礼服，佩戴首饰总量不超过三种，每种不要超过两件。如穿本民族服装一定要干净整洁。

◎ 交谈时保持适当的距离，太远使人误以为你在躲避，过近会使对话者不舒服。一般以保持半米的距离最为适合，这也是合适的社交距离。

◎ 外出场合应保持微笑，微笑是一种国际礼仪。

第2节 交谈礼仪

礼仪课上，姜昆老师给大家讲了一个自己亲历的小笑话。

姜昆老师 在讲交谈礼仪之前，我要跟大家说一个小笑话——我以前有个同事，他说话总带口头禅"你懂我意思吗？"有一天，他请我到他家吃饭，就说："姜昆，晚上我请你吃饭。你懂我意思吗？"我点点头，感觉自己智力有点问题。后来到了他家，他的"你懂我意思吗"口头禅说了一百多遍，弄得我吃到一半时差点儿逃跑。

同学们听了，一阵哄堂大笑。

陈静思 这个人的口头禅真可怕，换作是我，我会被他"逼疯"的。

牛津 一个人说话，不能带莫名其妙的口头禅。

姜昆老师 没错。有些口头禅会让人受不了，我们就要改掉。就像我的那个同事，虽然人很好，可是因为口头禅问题，他在人际交谈方面并不顺利。

祝新宇 口头禅跟人际交谈有关系吗？

姜昆老师 当然，人与人之间时刻存在着交谈礼仪。一个坏的语言习惯通常会违反交谈礼仪。现在，大家来说说自己遇到的交谈问题。

戴若凡 每次我跟廖令桓讨论问题时，总是说着说着就吵起来了。怎么回事呢？

廖令桓 其实我很喜欢戴若凡，我也不知道怎么老是会和他吵架。

姜昆老师 你俩想知道吵架原因，先听一个道理。人们交谈的目的是交流信息和感情，如果交流顺利，就会产生愉悦的交谈体验；但是，如果两个人在交谈时总想要分出彼此高下，交谈就很容易变成争论，

45

jī liè de zhēng lùn jiù huì biàn chéng zhēng chǎo
激烈的争论就会变成争吵。

戴若凡 shì de wǒ zǒng shì xiǎngyòng wǒ de dào lǐ shuō fú tā
是的。我总是想用我的道理说服他。

廖令桓 wǒ bǐ nǐ dà wǒ jué de wǒ de dào lǐ gèngzhèng què
我比你大，我觉得我的道理更正确。

姜昆老师 kàn ba xiàn zài nǐ liǎ zhī dào le rú guǒ wǒ men bù jiē shòu duì fāng de dào lǐ zhǐ shì
看吧，现在你俩知道了。如果我们不接受对方的道理，只是
xiǎngyòng zì jǐ de dào lǐ zhēng fú duì fāng de dào lǐ jiāo tán kěn dìng huì biàn chéngzhēngchǎo
想用自己的道理征服对方的道理，交谈肯定会变成争吵。

谢颉安 nà me dāngshuāng fāng yì jiàn bù yí zhì shí gāi zěn me bàn ne
那么，当双方意见不一致时该怎么办呢？

牛津 qí shí liǎng gè rén wú xū yì jiàn tǒng yī kě yǐ gè zì bǎo liú zì jǐ de yì jiàn suǒ
其实，两个人无需意见统一，可以各自保留自己的意见——所
wèi qiú tóng cún yì gòng tóng chéngzhǎng ma
谓"求同存异、共同成长"嘛。

姜昆老师 méi cuò liǎng gè rén xiǎng yào liáng hǎo gōu tōng jiù yào shě qì jìng sài shì de jiāo tán fàng qì
没错。两个人想要良好沟通，就要舍弃竞赛式的交谈，放弃
qīn lüè xìng zhǐ yǒu zhè yàng dài ruò fán cái néng liǎo jiě liào lìng huán de xiǎng fǎ hé gǎn qíng liào lìng huán
侵略性。只有这样，戴若凡才能了解廖令桓的想法和感情，廖令桓
yě jué de zì jǐ shòu dào zūn zhòng fǎn guò lai liào lìng huán yě néng liǎo jiě dài ruò fán de xiǎng fǎ hé gǎn
也觉得自己受到尊重；反过来，廖令桓也能了解戴若凡的想法和感

qíng tóng yàng ràng dài ruò fán
情，同样让戴若凡
shòu dào zūn zhòng zhè yàng
受到尊重。这样
yī lái nǐ liǎ jiù
一来，你俩就
liǎo jiě le liǎng zhǒng xiǎng
了解了两种想
fǎ tóng shí hái bú
法，同时还不
huì yǐng xiǎng róng qià de
会影响融洽的
yǒu qíng
友情。

líng tīng fēi chángzhòng yào
聆听非常重要，
zhè biǎo dá le nǐ duì duì fāng de xiǎng
这表达了你对对方的想
fǎ gǎn qíng de jiē nà hé zūn zhòng
法、感情的接纳和尊重。

戴若凡 yǐ hòu
以后
wǒ bú huì gēn liào
我不会跟廖
lìng huán lǎo chǎo jià
令桓老吵架
le wǒ yě bù
了，我也不
qiǎng huà huò dǎ duàn tā
抢话或打断他
le yào tīng tā jiǎngwán
了，要听他讲完。

廖令桓 下次戴若凡说自己想法的时候，我也会安安静静地听。

陈静思 是啊。在交谈礼仪中，聆听非常重要，这表达了你对对方的想法、感情的接纳和尊重。双方都这样做就不会产生排斥感。这是我们要记住、遵循的交谈礼仪。

戴若凡和廖令桓 我们懂了。

礼仪小贴士

◎ 与人交谈时，为表示谈话的兴趣和对对方的尊重，目光应平和地注视对方，切忌直勾勾地盯着对方或不看对方，左顾右盼也不对。

◎ 在多人交谈的场合，注意力不能只关注在一两个人身上，而是要照顾到在场的每一个人。

◎ 说话时要清晰简练，让人知道自己要说什么，重点在哪里。说话时的音量要适中，语调要平和，不要抢话和随意打断别人说话。

◎ 关系亲密的人可直呼其名，但是在公共场合，称呼对方的头衔更为得体。

◎ 无论什么身份的人，交谈双方都是平等的，不要打听对方的隐私或者谈及敏感问题。

◎ 每个人都会说错话，如果意识到自己言语有误，要及时道歉并设法更正。

◎ "心直口快"的说话方式并不是"真诚坦率"，有时是自私粗鲁，是不提倡的。

◎ 交谈中不能忽视表示尊敬和礼貌的词语，比如"请""谢谢""对不起"等。

◎ 一个文明优秀的交流者总是善于聆听的，耐心地听对方的想法和感受并且不把自己的表达内容强加给对方。

第3节 初次见面礼仪
dì jié chū cì jiàn miàn lǐ yí

快上课了，廖令桓走进教室，嘟哝着嘴说道："搞砸了，搞砸了！"
（kuài shàng kè le，liào lìng huán zǒu jìn jiào shì，dū nong zhe zuǐ shuō dào，gǎo zá le，gǎo zá le）

姜昆老师：廖令桓，什么事情搞砸了？
（liào lìng huán，shén me shì qing gǎo zá le）

廖令桓：我刚刚报名参加学校的跆拳道班，碰见跆拳道老师的时候，我不知道该鞠躬还是该握手。这下子，老师会不会不喜欢我了？
（wǒ gāng gāng bào míng cān jiā xué xiào de tái quán dào bān，pèng jiàn tái quán dào lǎo shī de shí hou，wǒ bù zhī dào gāi jū gōng hái shi gāi wò shǒu。zhè xià zi，lǎo shī huì bu huì bù xǐ huan wǒ le）

姜昆老师：那你后来向老师鞠躬还是握手了呢？
（nà nǐ hòu lái xiàng lǎo shī jū gōng hái shi wò shǒu le ne）

廖令桓：本来我想鞠躬，心里正犹豫着，跆拳道老师主动向我伸手，我就跟老师握手了。
（běn lái wǒ xiǎng jū gōng，xīn li zhèng yóu yù zhe，tái quán dào lǎo shī zhǔ dòng xiàng wǒ shēn shǒu，wǒ jiù gēn lǎo shī wò shǒu le）

陈静思：你是第一次见跆拳道老师吗？
（nǐ shì dì yī cì jiàn tái quán dào lǎo shī ma）

廖令桓：是啊。
（shì a）

第一次见面时，握手礼仪非常重要。它会影响一个人给人的第一印象。
（dì yī cì jiàn miàn shí，wò shǒu lǐ yí fēi cháng zhòng yào。tā huì yǐng xiǎng yí gè rén gěi rén de dì yī yìn xiàng）

陈静思：那你木呆呆的样子可能成为你给老师的第一印象了。在人际交往中，彼此见面的45秒钟内就能形成第一印象，并且会在对方的头脑中形成并占据主导地位。人们往往凭借第一印象来决定是否跟对方继续交往。因此，掌握初次见面的礼仪技巧非常重要。

廖令桓：那我给老师留下了坏印象怎么办？第一印象可以改变吗？

姜昆老师：老师主动把手伸向你，你再握他的手，这是挺好的握手礼仪。

廖令桓：那您觉得我和跆拳道老师第一次见面，到底是鞠躬好还是握手好？

姜昆老师：你可以先给老师鞠躬，再跟老师握手。

廖令桓：那我就放心了。跆拳道老师的手好有力，把我的手都握得有点疼了，他真不愧是跆拳道冠军啊！不过，他把我的手握疼了，是不是因为我礼仪不周呢？

陈静思：可能是。那次我跟跆拳道老师握手，他并没有把我握疼。

> 握手礼仪也要服从安全礼仪。假如情况不允许握手，那就可以不握手。

姜昆老师 关于握手礼仪，大家还有想问的吗？

祝新宇 冬天的时候，我们常常会戴着手套，两个人戴着手套握手可以吗？

姜昆老师 通常情况下，握手礼仪是要脱去手套的。

郭子慧 那要是天气非常非常冷呢？

谢颉安 是啊，如果天非常非常冷，摘了手套就会把手冻坏呢！

姜昆老师 如果真是那么冷的话，双方都戴着手套握手，我觉得也是适合的。毕竟礼仪要尊重安全原则嘛！

礼仪小贴士

◎ 握手通常在相见、离别、恭贺或致谢的场合使用，是表示致意的一种礼仪。

◎ 在正式场合，无论对于男性还是女性，握手都是一种比较恰当的身体接触。

◎ 握手一般讲究"尊者决定"的顺序：即长辈、女士、职位高者伸出手之后，男士、晚辈、职位低者才能伸出手去呼应。

◎ 握手必须双方自愿，不可强求。如果没有特殊情况，拒绝对方主动握手的行为是无礼的。

◎ 握手时，力度要适中，同时目视握手的那一方，面带微笑。

◎ 不能用湿手、不洁或患有传染性疾病的手跟其他人相握。

◎ 男士和女士握手时，不宜用力，也不宜久握。但是老朋友、老熟人可以边握手边问候，且手可长时间握在一起。

◎ 严禁用左手握手，握手时不要长篇大论，也不要紧握住对方指尖，这是不礼貌的行为。无右手的残疾人或右手有伤等情况下可用左手。

◎ 多人同时握手时要按顺序进行，在集体迎接、宴会入场的场合，不要交叉握手。

◎ 跟人握手后，不可立即擦拭自己的手掌，让人有受辱之感。

◎ 致意礼，在各种场合用举手、点头、欠身、脱帽的方式，向相识的人打招呼。

◎ 初次相识，往往要互相呈递名片。呈名片可在交流前或交流结束、临别之际，可视具体情况而定。送名片时，名片正面朝上，字体方向采用方便对方阅读的方向，用双手递给对方。

◎ 双手捧接名片后，要仔细看一遍，不可不看就塞入口袋或到处乱扔。

第4节 电梯礼仪

星期天，姜昆老师受邀请带小朋友们去参加电视台的节目。一路上大家有说有笑，乐得简直要飞起来了。不过，在进入电视台大楼，上电梯的时候遇到了一点儿小麻烦。

郭子慧 哎呀，电梯口有这么多人，我们一定上不去了。怎么办？

姜昆老师 没事，我们可以等下一趟电梯再一起上去。上电梯跟上公共汽车的秩序一样，都是要按照先来后到排队等候。

陈静思 廖令桓，等电梯时不能站在电梯口中间，而是要站在电梯口的两边。这样电梯里的人出来时就不会碰到你。

廖令桓 哦，我知道了，戴若凡你也靠右边站一点儿——啊，电梯又要来了。

姜昆老师 电梯到了要先下后上。等里面的人都出来再进去。先进电梯的人要往里走，靠边站，面朝电梯口。不然跟人面对面站着就不好了。

同学们 我们记住了。

郭子慧 廖令桓，一会儿进电梯后，我可以站在你后面。

廖令桓 如果里面没那么挤，我俩可以并排站。不过，如果离电梯按钮太远，够不着怎么办？

祝新宇 谁离电梯按钮近，谁就按电梯按钮喽。

谢颉安 我最后上，我离按钮最近，而且我喜欢按按钮，我来吧。姜昆老师，我们要去几楼？

姜昆老师 我们要去二十四楼。

这时，电梯门打开，等里面的人都出来，大家陆续进入。谢颉安先按了按钮24，接着又按了关门键。就在这时，外面有人喊："等一下！等一下！"谢颉安赶紧按住开门键，关了一半的电梯门又打开了。原来是一位工作人员要上来。

工作人员 谢谢，谢谢！

谢颉安 不客气。您要去几楼，我帮您按。

工作人员 谢谢，您帮我按一下十五楼。

谢颉安 按好十五楼了，还有我们的二十四楼。好啦。

姜昆老师 谢颉安，你今天在电梯里的表现很好。乐于助人是一种好的品质。

谢颉安 谢谢姜昆老师的夸奖。不过我想问问，如果离电梯按钮最近的人不想帮忙按按钮，怎么办呢？

duì bu qǐ   qǐngděngděng wǒ
对不起，请等等我！

yǒu rén shàngdiàn tī
有人上电梯
shí   qǐng wèi tā àn zhù
时，请为他按住
kāi mén àn niǔ
开门按钮。

姜昆老师 这样奇怪的人应该不会有吧。一般站在按钮附近的人，都愿意帮人举手之劳。如果他真不想帮大家按按钮，就不会站在按钮前面挡住大家按按钮了。

郭子慧 挡住按钮是不礼貌的行为吗？

姜昆老师 当然，按钮是大家上楼下楼的控制中心。所有进入电梯的人，都不要挡住按钮，那样会耽误大家选择楼层的。

53

礼仪小贴士

◎ 减少楼梯上的停留。不要停在楼梯上休息、交谈或在楼梯上行走过慢。

◎ 上下楼梯时不并排走，要走右侧，以便让有急事的人从左边急行道通过。

◎ 上下楼梯时不要抢行，出于礼貌，可请对方先走。

◎ 当陪同客人走楼梯时，上楼应走在客人的后面，下楼应走在客人的前面。

◎ 乘自动扶梯时不要并排站立，要自觉站在扶梯的右侧，不逆行，不跑动。

◎ 电梯门即将关上时，如果还有人没进来，先进电梯的人要按好开门键，等后面的人进来。

◎ 进入电梯后，不要遮挡电梯按钮，以免其他人无法按按钮。离按钮太远的人，可请离按钮近的人帮忙。

◎ 不要携带体积过大、过重的物品乘坐客人用电梯。

◎ 进出电梯碰到他人时，要说"劳驾""对不起"。

◎ 在电梯里不要大声说话，不可抽烟，以免影响别人。

◎ 遇到电梯满员报警的情况，最后上的人应该自觉退下，等待下一班电梯。

◎ 陪同客人时要先进入电梯，为客人按按钮，出来的时候最后出来，为客人按按钮。

◎ 男士、晚辈、下属、接待人员，应该在电梯开关处为同行的女士、长辈和上司按按钮。出的时候也要最后出来，替他们按着按钮。

◎ 如果不能一次乘坐全部人员，要让领导、客人、女士先上。

第1节 购物礼仪

真奇怪，今天上课时，姜昆老师提着一袋巧克力派走进了教室。大家又高兴又奇怪，只见姜昆老师笑眯眯地说："今天，我们讲讲购物礼仪。"

戴若凡 购物也要讲礼仪？不是说"顾客是上帝"吗，难道上帝还需要讲究礼仪？

祝新宇 我想，这是因为做事情如果不讲究礼仪的话，就会遇到麻烦。

姜昆老师 没错，顾客虽然是"上帝"，在购物中居于主导地位，销售人员会尽力满足他的需求。但是，如果顾客不讲购物礼仪，购物也很难顺利完成。

> 顾客是上帝。但"上帝"在购物时也要遵从购物礼仪。

戴若凡 有那么严重？不就是买个东西嘛。

姜昆老师 这样吧，我们找两个同学来表演一下在商场食品专柜购买食品的情景。看看一个不讲购物礼仪的顾客，会造成怎样糟糕的结果。

同学们 好啊，开始吧！

姜昆老师 陈静思，你来扮演超市蛋糕专柜的售货员。牛津，你就表演一个不讲礼貌的顾客吧。

陈静思和牛津走到教室前面，俩人背过身嘀咕了几句，很快，表演开始啦！

陈静思 请问，您需要点什么？

牛　津 （斜着眼睛）你管我要什么！我就随便看看。

陈静思 好吧，您先看看，如果有什么需要的我帮您拿。

牛　津 喂！这个方块蛋糕多少钱？那个圆的奶油蛋糕都有什么口味？还有那个小盒子装的是什么蛋糕，还有那边那个……算了，那个不要了。

陈静思 这种方块蛋糕8元一斤。圆的奶油蛋糕是生日蛋糕的样品，您需要的话可以预订，口味有多种水果味，您可以选择。那个小盒子装的是小奶油杯蛋糕，9元钱一个。您需要哪个蛋糕呢？

牛　津 我现在不要，我就随便问问。

56

陈静思：好吧，如果需要什么您再说话，我给您拿。

牛津：把小奶油杯蛋糕拿来，我尝尝再买。

陈静思：对不起，先生，我们的待售食品不能品尝。

牛津：不尝我怎么知道什么味道？我怎么买？快拿来给我尝尝！

陈静思：请您不要为难我。

牛津：我怎么为难你了。你是怎么当售货员的？！我要投诉你。

陈静思：这样吧，您的这个问题我解决不了，您可找我们主管来帮您解决。

牛津：哼，找谁我都不怕！

姜昆老师：好，就表演到这里吧。

牛津：（对着大家笑笑）我表演的怎么样，是不是很不讲理的顾客？

同学们：你太不讲理了。我们都想讨伐你了。

姜昆老师：大家看到了吧，不讲理的顾客，不但没有买成东西，还把售货员弄得很不开心。大家觉得他要注意哪些购物礼仪？

郭子慧：售货员跟他说话，他爱理不理的，态度很不好。

戴若凡：他说的话很粗鲁，不尊重售货员。

谢颉安：他应该先想好要买什么，再问售货员，不应该一下子问那么多，最后又不买，多难为人家啊。

姜昆老师：东西可以不买，但要尊重人家。还有呢？

祝新宇：一般的待售食品是不能试吃的，他非得要吃，这是不对的。售货员跟他说明情况，他还是胡搅蛮缠，太不应该了。

姜昆老师：是啊，这种胡搅蛮缠、出言不逊的顾客，如果碰到脾气不好的售货员，早跟他吵起来了。陈静思表演的售货员很有耐心，处理问题也很理智，知道找主管来解决问题。

同学们 原来做一名售货员不容易呀，那些不讲礼的顾客很讨厌。

姜昆老师 生活中，每个人都会为别人提供服务或接受服务，所以要彼此尊重。

同学们 知道了，我们以后一定文明有礼地购物。

礼仪小贴士

◎ 进入超市购物时，要把随身携带的提包或超市内已有的同类商品存放在储物柜中。

◎ 对于易碎和贵重物品，应轻拿轻放，以免损坏。

◎ 除非是试用装或试吃品，否则商场内的商品不能随意使用。

◎ 不可带宠物进入食品区。

◎ 购物时，如果对已经选购的商品感到不满意，最好主动将其放回原货架区。

◎ 结款时要按顺序自觉排队。

◎ 当营业员帮助你解决了某些困难时，应诚恳感谢或事后写信予以表扬。营业员也不要随意打扰在选购中的客人，更不可缠住客人强行推销货品。

◎ 顾客如果遇到了欺压顾客的商店，可以选择报警或向主管部门反映情况，维护权益。

第2节 影剧院礼仪

小朋友们结伴去剧场观看姜昆老师的演出。牛津遇到堵车，来到剧场的时候，节目已经开始了。陈静思正在检票口那里等着牛津。

牛津 陈静思姐姐，演出开始了吗？

陈静思 是的！你进去时要为起身让道的观众轻声道歉并致谢。你要尽快入座，减少对别人的影响。

牛津 好，知道了。

陈静思 还有，在影剧院看节目，除了要仪表干净、着装整齐，还有一个特殊礼仪——不能戴帽子！

牛津 哦，我明白了，帽子会挡住后面观众的视线。

陈静思 对了，还要把手机静音或关机。你的手机呢？

牛津 我还没有手机啊。

陈静思 哈哈，那你赶紧入场吧！

牛津的座位在祝新宇旁边。他找到座位坐下来。这时，两位相声演员正在台上鞠躬致谢，剧场内响起热烈的掌声。

祝新宇 牛津，你怎么才来？快鼓掌。

牛津 我坐的公交车在三环堵车了，所以来晚了。

陈静思 牛津，你赶紧坐好，你俩看相声时不能交头接耳。下一个节目马上开始了。

牛津 是姜昆老师的节目吗？

祝新宇 （用手帕捂住口鼻打了一个喷嚏，尽量压低

节目开始后不能说话，这样会影响其他观众。

声音）没错，就是姜昆老师的节目。

姜昆老师走上台，廖令桓看见了，自顾自地"啪啪啪"地鼓起掌来。

廖令桓 快看！姜昆老师的节目开始了！太好了！

陈静思 廖令桓，鼓掌要适可而止，别影响表演。

牛津 一些特别受欢迎的演员登场后，观众常常会自

鼓掌要看时机，演出告一段落时要鼓掌，演出全部结束时起立热烈鼓掌。

发报以热烈的掌声。不过，不是所有节目开始前都需要鼓掌，像观看歌剧、交响音乐会、芭蕾舞表演时，最好一曲或一支舞结束再鼓掌。

对于掌声，表演者要对观众还礼。

廖令桓 好的，好的啊！那我吃点瓜子吧。

陈静思 吃瓜子的声音太大，会影响别人听相声的。

廖令桓 哦——好吧，我不吃了。我收起来。

郭子慧 我有棒棒糖，给你一根吃。

廖令桓 谢谢你。

郭子慧 你要保持剧场内卫生，不能乱扔糖纸啊！

廖令桓 不会乱扔的，我会收拾好到外面再扔。

演出结束，廖令桓跳起来就往人群里钻，结果被陈静思一把抓住。

廖令桓 你为什么拉着我？我要先出去。

陈静思 散场时人很多，你这样乱闯有可能撞到别人，造成拥挤，影响大家散场，还是要按顺序离开的好。

廖令桓 好吧，我会乖乖地跟着人群往出口走。

礼仪小贴士

◎ 到剧院观看演出，衣着要整洁得体，不能穿睡衣、背心、拖鞋等居家服入场。

◎ 观众应提前或准时入场。在入口处，主动出示票证，请工作人员检验，进场后对号入座。

◎ 入座时，如果需要从别人面前经过，需侧身走过并及时道谢。

◎ 入座后，不要占据椅子两边的扶手，要照顾到左右的观众。

◎ 观看时不高谈阔论、接打电话，更不能起哄、吹口哨、怪声尖叫或摇头晃脑、手舞足蹈，以免影响到周围观众。

◎ 爱吃零食的观众要自我约束，不吃带壳的食物，不吃带响声的食物。

◎ 剧院观看演出时，要有礼貌地适时鼓掌。鼓掌要看时机，演出告一段落时要鼓掌，演出全部结束时起立热烈鼓掌。

◎ 在剧院看演出时，不宜中途退场。如果临时有急事或确实不喜欢看，应在幕间休息或一个节目结束时离场。

◎ 音乐会、芭蕾舞等演出，严格限制迟到者入场和观众中途退场，一般在中场休息和一曲结束后，观众才可进入或离开。

◎ 音乐会、芭蕾舞等演出中，安静倾听是最起码的礼仪，不仅表示对演奏者也是对其他观众的尊重，也表达了自己的基本素养。

第3节 观看体育比赛礼仪

姜昆老师带小朋友们去看冰球比赛，大家乐呵呵地跟着去了。法国队和巴西队，双方比赛很激烈，大家看得紧张极了。

廖令桓 法国队，冲啊！五号，五号！

牛津 五号赶紧冲！快往球门里射！快，快啊！

姜昆老师 哈哈，看你俩激动的，简直比比赛的队员还要紧张。

戴若凡 我也很紧张。

姜昆老师 没错，看现场比赛就是这样的，比看电视更激动人心。

廖令桓 笨蛋！快点啊——哎呀！射歪了！真是笨！

姜昆老师 廖令桓，注意语言文明啊！无论怎么激动，都不能说脏话。

廖令桓 好，好，我不说了。

牛津 刚刚差一点儿就射中了。好可惜啊！

姜昆老师 廖令桓，你看牛津说话，就很文明。

戴若凡 是不是人一激动，就容易说脏话呢？

姜昆老师 激动也不能说脏话。如果人人激动，人人说脏话，那么球场的观看氛围就会变得一团糟了。

谢颉安 有时候，球场上会发生吵架和打架事件，是不是因为他们太激动了？

姜昆老师 是啊。比赛总是很激烈的，而人在兴奋时就容易失控，从而发生冲突，甚至引起事故。但是，体育比赛的精神是"友谊第一，比赛第二"。如果我们为了体育成绩，破坏了彼此之间的友谊，那就是舍本逐末了。

第一名是一种激励和指引，并不是体育比赛的最终目的。

观看比赛时，无论怎么激动，或者喜欢不喜欢哪支球队，都要遵守观看比赛的礼仪。

戴若凡 可是，大家还是都想拿到第一名。

陈静思 的确，第一名的荣誉大家都想要，因为它是对参赛者努力的一种肯定和赞美。但是，"第一名"绝对不是人们进行体育比赛的最终目的。它是一种无形的指引和激励，鼓舞人们变得更快、更高、更强。同时，人们在运动中获得强健的身体，以及和队友、对手之间的友谊。这些才是体育比赛真正的意义。

郭子慧 那么，怎么做才能让人们不那么看重比赛成绩？才能真的做到"友谊第一，比赛第二"呢？

祝新宇 比赛队员的心态要调整好。

谢颉安 我觉得比赛双方都要遵守比赛规则，裁判要公平执法。

姜昆老师 说得没错。

牛 津 这样说来，无论哪个队伍表现得好，我们都要喝彩了？

姜昆老师 对啊。无论是法国队还是巴西队，只要有精彩的表现，我们都应该为他们喝彩。

廖令桓 那我为巴西队喝彩，不就成了法国队的叛徒？

谢颉安 就是啊，我们总要为自己喜欢的队伍多加油、鼓劲。

戴若凡 是啊，我也这么认为。

姜昆老师 你们说得也对。为自己喜爱的队伍喝彩是人之常情。但是，如果我们不能为对方喝彩，至少要做到不谩骂，不喝倒彩。因为这些都是很不文明的行为。

大家一起 这个要求倒是可以做到。

礼仪小贴士

◎ 观看体育比赛，可以为喜爱的队伍喝彩，但不可辱骂另一方队伍。

◎ 比赛中不可起哄、不可向场内扔东西、不可鼓倒掌、喝倒彩。这些是违背体育精神的无礼表现。比赛者也要尊重观众，不操纵比赛。

◎ 比赛紧要关头，不要从座位上跳起，兴奋地喊叫，以免影响后面的观众看比赛。

◎ 体育场馆内不许吸烟，极个别特殊情况除外。

◎ 在体育场内不要随地吐痰，不要随地乱扔果皮纸屑。

◎ 不要吃发出较大噪音的零食，以免影响身边观众的情绪。

◎ 观看体育比赛最好不要带年龄太小的孩子。孩子来回奔跑、哭闹，会影响周围观众观赛。

第1节 电话礼仪
dì jié diàn huà lǐ yí

礼仪课上，姜昆老师在放录像：星期天，戴若凡想找谢颉安来家里玩，他拨打了电话。电话嘟嘟响了十几声，才有人拿起电话。

戴若凡 您好，请问是谢颉安家吗？

陈静思 不是，你打错了。你是戴若凡吧？你也太早了，现在才6点。我被你的电话铃声吵醒了，估计我家人也都被吵醒了。

戴若凡 对不起，陈静思姐姐，我打错了。

陈静思 幸亏我了解你，不然真会生气的。你在拨打电话前，应该认真查一下电话号码。

戴若凡 实在不好意思，下次我会注意的。对不起，不打扰你休息了，再见！

陈静思 再见！

等到八点，戴若凡又拨打了一个新的号码。嘟嘟响了三声，电话有人接听了。

戴若凡 您好，是谢颉安家吗？

谢颉安妈妈 你好，我是谢颉安的妈妈，你找谢颉安吗？

65

戴若凡 是的，我是谢颉安的小伙伴戴若凡。

谢颉安妈妈 谢颉安在洗手间，你等一会儿再打来吧，或是让他打给你？

戴若凡 我过十分钟后再打过去。阿姨，再见。

谢颉安妈妈 好的，再见。

十分钟后，戴若凡又拨打谢颉安家的电话。嘟嘟几声后，谢颉安接通了电话。

戴若凡 谢颉安，我是戴若凡，你今天下午来我家，我们一起玩积木，好吗？

谢颉安 好呀！而且我有一个新的拼插玩具，下午带过去一起玩。

戴若凡 好，下午见。

谢颉安 下午见。

（录像结束）

姜昆老师 戴若凡在打电话的过程中，涉及到很多电话礼仪。大家说说看。

牛津 第一个电话戴若凡没有选合适时间。早上打电话一般在八点

不论是用电话、短信、邮件，还是QQ等沟通交流，都要遵守法律和文明道德。

之后，晚上打电话一般在九点之前，这样能尽量不打扰别人休息。

陈静思 中午吃饭休息时间，最好也不要打电话。

郭子慧 那要是有非常非常重要的事呢？

姜昆老师 如果有紧急事情，在任何时间都可以电话联系需要找的人。

陈静思 现在除了电话，还有很多联系方式。网络联系方式也可以找人。

姜昆老师 陈静思说到网络联系方式，我就要强调一下网络联系方式的礼仪——网络沟通和其他沟通方式一样，我们都需要遵循法律、道德规范和现实生活中的文明礼仪。

陈静思 网络聊天工具中，我们也要文明礼貌。不礼貌的话不能说。

姜昆老师 没错。大家使用短信、邮件、微信等交流工具时，同样要注意礼仪。

礼仪小贴士

◎ 打电话前最好做好准备，把要讲的事情按顺序写在纸上。

◎ 拨通电话后，首先要向对方问好，再自报家门并询问和证实对方的身份。

◎ 通话要简明扼要，以说清事情为宜，切忌啰嗦占用对方时间。

◎ 在办公室打电话，要照顾到其他电话进出，不可长久占用。

◎ 大人讲电话时，我们尽量保持安静，不要抢电话或打扰他们。

◎ 如果在讲话过程中突然断线，打电话的一方应再次拨打。

◎ 电话内容讲完后，双方都表明再见之后，再轻轻挂断电话。

◎ 手机铃声要注意场合，音量不要太大，不要给公众传导错误、不健康信息。

◎ 在博客、微博、微信论坛发表评论时，要平心静气地表达观点，以理服人。网络上也要尊重他人的劳动和隐私权。

第2节 亲友互访礼仪

大年初三，小朋友们约好去姜昆老师家拜年。下午一点，廖令桓第一个到了。姜昆老师说："哎呀，你来得这么早。"过了好一会儿，其他小朋友才陆陆续续地到了。

小朋友们 姜昆老师新年好！这是送给您的水果。

姜昆老师 谢谢，谢谢。来，喝点儿水吧。这是我给大家准备的新年礼物——每人一本图书。希望你们能多多阅读，成为有智慧的孩子！

小朋友们 谢谢姜昆老师。祝您新年万事如意！

姜昆老师 谢谢大家。我刚才在每个人的礼物里都还放了一张小纸条，上面写着亲朋好友的拜访礼仪。祝新宇，你先念一念。

祝新宇 （从书中取出纸条）拜访亲友，要事先约好时间、地点，让对方有所准备。

姜昆老师 今天廖令桓提前一个小时来了。大家说他做的对不对？

郭子慧 提前了总比迟到好。不对吗？

牛津 也不能提前太多，万一对方没准备好怎么办？

戴若凡 姜昆老师，您准备好了吗？

姜昆老师 我还真没准备好。如果我们事先约好了拜访时间，最好不要迟到，也不要提前太多，可以提前5分钟左右。

廖令桓 下次我会注意的。

姜昆老师 好。郭子慧，现在念一下你书里的纸条。

郭子慧 如果已经约定，双方都不能轻易失约。失约是礼貌的大忌。

廖令桓 这个我明白！就是说话要算话，不能随便爽约。

姜昆老师 没错！如果拜访前遇到特殊情况不能去，一定要通知对方并表示歉意。

戴若凡 我来念——做客时，我们要做到仪容整洁、穿戴整齐。

祝新宇 进门前要敲门或按铃，即使主人家门开着，也不能乱闯，应在门外打招呼，等有人应答后再入内。门铃不可多次连续按。

牛津 进门后要主动向亲友家的其他成员打招呼，如果遇到许多人在场，应经主人介绍后，向他们一一问好。

陈静思 我的纸条上写的是——我们入座后，主人如果斟茶倒水，我们必须表示感谢。交谈时，如果有长辈在座，要用心倾听长者的谈话，不可随便插嘴或打断。

姜昆老师 大家都念完了，关于亲人朋友拜访的礼仪还有什么要讨论的吗？

陈静思 我觉得拜访亲友时，不随便翻动主人家的东西是一种礼貌。

姜昆老师 没错。亲朋好友也要"亲密有间"。未经主人引领，我们最好不要到主人家私密房间或场所去。

拜访亲友或外出与好友相聚时，切忌不可随便乱翻别人的东西。

福

牛津 离开亲友家时，我们应正式与家庭成员告别。不辞而别是非常不礼貌的。

姜昆老师 还要注意，主人要看管好宠物，避免伤吓到客人，客人也不应挑逗主人家的宠物，不要对主人家的宠物品头论足。

礼仪小贴士

◎ 有客人来访时，应和父母一起主动迎客，并与客人热情打招呼。

◎ 客人进屋后，要将客人按次序排座位，并拿茶水招待。

◎ 给客人敬茶时不能倒满，只需倒大半杯，茶凉了可续茶。敬茶时要端在茶杯的下半部，双手将茶递给客人。

◎ 如果是不熟悉的来客，可以隔着门告知家长外出，请其改日来访。

◎ 如果主人是年长者或上级，主人不坐，自己不能先坐，等主人让座再坐下。

◎ 主人让座时要说"谢谢"，然后按规矩礼仪坐姿坐下。

◎ 主人送上果品时，要等年长者或其他客人动手后自己再取用。

◎ 到亲戚朋友家拜访，应该带上一点礼物，聊表心意。

◎ 进屋后，要问候家里其他成员，特别是老人和小孩。

◎ 临走时，要向主人表示"打扰"等客气话，同时感谢主人的款待。

◎ 出门后，回身主动与主人握别，并说"请留步""再见"等道别语。

第3节 与陌生人相见的礼仪

廖令桓报名参加了一个绘画班。为了能尽快交到新朋友，廖令桓特意向姜昆老师讨教方法。关于这个问题，在班上也引起了一场大讨论。

姜昆老师 大家讨论一下，如果面对一个陌生人，怎么才能与他（她）成为朋友呢？

谢颉安 主动跟他说话。

郭子慧 爸爸说，小朋友不能跟陌生人说话。

牛津 如果是在绘画班里，可以跟陌生的小朋友说话啊。

姜昆老师 如果在陌生场合，为了安全，小朋友不能随便跟陌生人说话。可是，在父母安排的安全环境里，我们不必害怕陌生人。

廖令桓 我觉得还是等着别人来找我好。

牛津 想要交到好朋友，主动很重要。总是等着别人来找自己很被动。

廖令桓 难怪谢颉安有那么多好朋友。原来他会主动啊。

如果父母在身边，对陌生人不必害怕，可以保持基本的相见礼仪。

和人交谈时，表情要自然大方，目光要温和并且正视对方。

姜昆老师 没错。主动是人际交往的第一步。我们主动微笑，招呼别人，才能赢得别人的好感。

祝新宇 还有什么礼仪，能赢得陌生人的好感？

姜昆老师 说话时眼睛看着对方，显示出自己的真诚，能赢得别人的好感，也能赢得别人的真诚和信任。

陈静思 还可以微笑点头致意，接着打招呼。

廖令桓 微笑和打招呼之后，我们该说些什么？

陈静思 什么都可以，一本喜欢的书，一部有趣的动画片，心爱的玩具、就读的学校、晴朗的天气……身边很多事物都可以聊。如果双方聊的开心，还可以互相介绍自己。

祝新宇 怎么能找到共同的话题呢？

陈静思 如果聊天时你们话很少，往往说明这不是共同话题。如果双方都滔滔不绝，说明两个人都感兴趣，就可以一起聊天了。

姜昆老师 交谈愉快才可能成为朋友，所以谈话时一定要注意分寸。

谢颉安 对啊！怎么才能交谈愉快呢？

姜昆老师 这就要掌握必要的说话礼仪了。你们都说说吧。

祝新宇 我觉得说话语速不要太快，更不应该连珠炮似的发问，弄得像审问似的。

陈静思 在交谈的时候要尽量少使用"当然喽""我肯定没错"之类

的武断语气。应该多使用商量、恭敬的词语，这样会让我们保持愉快的交谈。

牛津 作为晚辈，在与长辈或师长对话时，应使用请教口吻，最好有问必答，适当提问。

谢颉安 我们能跟不认识的长辈成为朋友吗？

姜昆老师 当然可以。

谢颉安 我还有个疑问。在我们想反对对方的意见时，该怎么办呢？

姜昆老师 倾听很重要，我们一定要听对方说完。谁都不喜欢中途被别人打断谈话。

谢颉安 如果他是错误的，还要说完吗？

姜昆老师 每个人都有自己的观点，有时候只是角度不同，未必就一定要分对错。

陈静思 交谈就是交流双方的观点。如果不让人把话说完，怎么能实现交流呢？那就成了自说自话了。

郭子慧 还真是啊。我们要认真听别人说话。

祝新宇 如果我不同意对方意见呢？

陈静思 你可以不同意，但是，别人也同样可以不同意你的意见。

祝新宇 那样交谈不就不愉快了吗？

陈静思 难道双方一定要完全一样？两个不同观点的人，也可以找到共同点啊！

牛津 姜昆老师，是这样吗？

姜昆老师 如果双方意见不一致，我们可以选择适当时机，委婉表明自己的观点。如果对方坚持己见，也可以据理力争，也可以求同存异。

祝新宇 我明白了。观点不一样的人，其实也可以成为朋友的。

礼仪小贴士

◎ 初次见面要热情亲切，和别人交谈时表情自然大方，目光温和正视对方。陌生人之间的称呼，可根据年龄、性别、职位称其为先生、小姐、女士等。

◎ 陌生人还可根据双方年龄差距、性别称其为爷爷、奶奶、叔叔、阿姨、大哥、大姐等；如对方是外国人还可称呼其先生、女士等。

◎ 被人介绍时，可以跟对方握手，并以"您好""幸会"等话问候。

◎ 男士向女士打招呼，语言可热情一些，但不能过分玩笑。

◎ 自我介绍时要落落大方，简要报出自己身份、单位和主要情况。

◎ 交流是有说有听，我们要做一个善解人意的听众。

◎ 交谈首先要选择一个安全话题，比如地域相似性话题、经历相似性话题、职业相似性话题等使双方交谈能顺利进行下去。

◎ 选择话题不要误入禁区，比如个人信仰、隐私、瘾癖、残疾人的生理缺陷等。

◎ 听对方说话时，可适当点头、做手势、简短插话和提问，表示你在倾听。忌左顾右盼、哈欠连天、搔脑勺、玩指甲等小动作。

◎ 倾听者不要随意打断或插话，对说话者来说有不敬、失礼之嫌。

◎ 如果你想补充对方谈话，可说"请允许我补充一点"或"我插一句"。插话不宜过多、过长，以免扰乱对方的说话思路。

◎ 如果你与对方持完全相反的观点，也要等对方说完后，再谈自己的不同看法。

◎ 如果对方滔滔不绝，你又毫无兴趣，最好巧妙引开话题。

◎ 批评或提出不同意见，要讲究时机和态度。

◎ 恰如其分的赞美不可缺少，赞美能使交谈气氛更加轻松、友好。

◎ 如果很多朋友一起交谈，不要两个人或几个人窃窃私语，几个老乡最好不要以家乡话聊天，以免隔离并冷落其他人。

第4节 怎样保持长久的友谊

廖令桓在绘画班的新朋友小兔子，对他很有意见，小兔子说："你从来没有表扬过我，我不跟你玩了。"廖令桓伤心地找大家诉苦来了。

廖令桓 小兔子想让我夸她，可我没发现她的优点啊。

姜昆老师 第一印象往往是不完整的。我们不能仅用第一印象来判断人。每个人都有自己的优点，小兔子的优点也需要你去发现。

廖令桓 看来，我和小兔子还需要多接触多了解，才能更好地了解她。如果是缺点，我是不是也要当面指出来呢？

陈静思 每个人都有缺点，只要是无关大局，其实我们可以包容朋友的小缺点。但是，如果小兔子的缺点很严重，你可以用信任和鼓励，帮助小兔子提高自己。因为鼓励比严厉批评的效果好得多。

牛津 是啊。鼓励会使人变得更主动、更努力。我们要多信任别人，多鼓励别人，这样也会让自己获得更多友谊。

廖令桓 啊，那我是不是应该大肆吹捧小兔子，她才会高兴？

陈静思 我们赞美别人要真诚，夸奖要尽量实事求是。如果过度夸奖，不仅会让对方觉得虚假、肉麻，也会让人感觉不舒服的。

廖令桓 我知道了。除了这些，我还要注意什么呢？

姜昆老师 要学会替对方着想，站在对方的立场考虑问题，让对方感觉到你的真诚和热心，这也是能使友谊之树长青的好办法。

廖令桓 可是，当我和朋友在一起时，我希望朋友能帮助我更多一些。我这种想法是不是很不好？

陈静思 当然，付出是相互的。如果朋友之间的付出和回报不对等，就很容易使关系闹僵。

谢颉安 这么说来，人都是自私的，即使是朋友还是要计较对等付出。

郭子慧 原来，朋友间虽然不会说出"我付出的多，你付出的少"之类的话，但在心里都是在意的。我觉得对等这个词不好，好像在做生意似的。

廖令桓 怎么才能让双方的付出对等呢？如何衡量呢？

姜昆老师 人的付出是无法量化的，也无法完全对等。但是，当我们得到帮助时，一定要对对方表示感谢；当别人需要帮助时，也一定要尽力帮助对方。只要自己尽心尽力，对方就一定能感觉到你的诚意并表示感谢。

廖令桓 我明白了，原来，长久的友谊需要用心灵相交。

陈静思 是这样。我还想说一点：我们千万不要用嘲笑伤害别人。说话之前，一定要先想想如何说，才能既清楚地表达自己的意思，又不会让人产生误解。

祝新宇 每个人都有自己的禁忌，与人打交道时要多注意避讳。

世界上最美好的友谊，是要学会替对方着想，让对方感觉到你的真诚和热心。

谢颉安 如果不小心冒犯了别人，不要慌张，真诚地道歉。只要你不是出于恶意故意伤害人，并让对方了解到，对方应该不会介意。

姜昆老师 很对。朋友之间最怕的就是误会和矛盾。所以平时与朋友相处时，一定要落落大方，有什么说什么，不要遮遮掩掩。否则引起对方的猜疑，会造成更大的误会。

祝新宇 我觉得朋友之间的误会要是能解释清楚了，那么这些小摩擦反而会让友谊更长久的。经历了风雨的友情更珍贵。友谊需要用心珍惜和维护才能长久。

廖令桓 谢谢大家，今天我学到了很多保持友谊的好方法。

礼仪小贴士

◎ 朋友间可以无话不谈，但要注意说话的时机、分寸和方式。

◎ 当朋友失意时，我们要说些鼓舞、赞美的话，让对方振作起来；当朋友骄傲时，我们要及时指出来。能做到以上两点的朋友，才是真正意义上的良友，这样的朋友才能长久。

◎ 与人相处，要尊重对方的个性，包容对方的一些习惯。

◎ 有时，我们给予朋友关心和帮助，虽然对方不一定会回报你，但是，他们也许会用自己独特的方式表达对你的关心。

◎ 不要随便给对方贴标签，因为人是会变的，那些你认为的缺点对方可能不知不觉已经都改掉，甚至还变成了优点。

◎ 理解能让我们更快乐。作为朋友，能诚实、直接且不带任何讽刺地理解对方的缺点，恐怕是最重要的。

◎ 记住！帮助别人的目的不是为了得到别人的回报，否则，这种帮助就会成为一种"交易"。我们不鼓励这种帮助。但是，得到帮助的人可以主动给予帮助者感谢或回报。

第1节　正确对待愤怒
dì jié zhèng què duì dài fèn nù

这天，廖令桓怒气冲冲地从外面回来，脸色阴沉。大家都担心地围上来。不一会儿，谢颉安也急匆匆地跑进教室。

郭子慧　廖令桓，发生了什么事？

廖令桓　气死我了，气死我了！

谢颉安　刚刚在餐厅里，廖令桓打碎了一个杯子。餐厅的人要他赔偿，他跟人家吵起来了。吵到最后，廖令桓就跑了。

陈静思　如果你打碎了杯子，应该向人家道歉，怎么还这么生气呢？

廖令桓　我都说了我不是故意的！可他们还是不依不饶。我当然会火冒三丈了！

牛　津　不是故意叫犯错，故意就是做坏事了。

廖令桓　你还说我，再说我就骂你了！

姜昆老师　（刚好走进教室）廖令桓，不能这样无礼呀！

廖令桓　我……我真的不是故意的……

每个人都要学会控制自己的情绪，对自己的行为负责。

我不是故意的！
你为什么不依不饶！

陈静思 无论是不是故意，我们都要对自己的行为负责。如果犯错，那就要道歉和弥补，否则就是不负责任。

郭子慧 不道歉反而还恼羞成怒，这是错上加错。

廖令桓 可是，可是……我怕我道歉，他们还不原谅我。

陈静思 只要你真诚地道歉并补偿，大多时候都会得到原谅。如果对方不原谅你，你可尽量耐心地解释。如果对方还是不依不饶，那就是对方的问题了。你也做到自己该做的了。

廖令桓 我……我觉得认错太丢脸了。

姜昆老师 道歉是一种有品德、有素质的表现，甚至是一种很好的交往方式。

谢颉安 交往方式？我没有听明白，您能说的更详细些吗？

姜昆老师 在平时的生活和学习中，我们每个人都难免会遇到矛盾和纷争。当我们做错时，如果能积极地赔礼道歉，不仅体现了个人素质，还能得到对方的原谅，甚至收获一份情谊。可是，如果明明做错却还坚持是对的，那就是蛮横不讲理，当然得到的也只会是对方的不满。

一个人做错时，要积极地赔礼道歉，这不仅体现了个人素质，还能得到对方的原谅，甚至收获一份情谊。

廖令桓：你刚才就是这样。

廖令桓：（羞愧地低下了头）……

姜昆老师：我们的骄傲和自尊应该建立在做正确事情的基础上。如果做错了事，还要死撑着不认错，反而失去了别人的尊重和信任。

廖令桓：其实我知道自己做错了。我只是很担心害怕，就忍不住发火了。

姜昆老师：很好，你已经发现了自己的不良情绪，进而表现出来的是愤怒。愤怒掩盖了很多真实的情绪，我们一定要学会静下心来认真体会。

廖令桓：我还害怕道歉后，会有无数的指责。

陈静思：道歉一点也不可怕。如果总是死要面子，不敢面对自己的不良情绪，你就会失去更多。

姜昆老师：大家都喜欢一个敢于认错的好孩子，而不是一个拒不认错的坏孩子。我们要学会敢于面对心中的不良情绪。

廖令桓：我懂了。我要变得更勇敢、更强大，而且认错也不会让我失去自尊。我现在就去认错。

姜昆老师：很好。在产生愤怒的地方消除愤怒，是一个非常正确的选择。

礼仪小贴士

◎ 每个人都有愤怒的权利。当你愤怒时，请换位思考一下，体会对方心中的情绪。

◎ 当发生冲突和矛盾时，要学会控制容易爆发的愤怒，双方心平气和地表达意见和沟通解决。因为许多愤怒都是沟通不畅所致。

◎ 愤怒并不能带给你自尊和强大。一个成熟的人是不轻易愤怒的。

◎ 只有真正了解、识别愤怒的根源，才能有效地解决问题。

◎ 当愤怒至极时，一定暂时离开冷静一下，以免造成严重后果。

第2节 积极疏导嫉妒情绪

"怎么办，怎么办呢？"廖令桓嘴里嘀咕着，愁容满面地走进教室。

姜昆老师 廖令桓，你又遇到了什么问题？说给我们听听，也许能帮你解决。

廖令桓 我们班要选班长了。我也想当班长，但我的条件不够，其他条件够的人，我又不想选。

谢颉安 自己当不了班长，也不想选别人当班长，你这样可不好啊！这是嫉妒心理。嫉妒对自己有害呀

廖令桓 是啊，是啊。后来我觉得这样不对，还是要选出一个班长的。我想要选张欣欣，又想选马晓霄，我实在不知道哪个做班长更合适。真是太难了。

姜昆老师 我们总会遇到难以抉择的情况。这时候不要急躁，也不要患得患失，在心里冷静地衡量一下更想要的结果，然后作出选择就行了。

谢颉安 其实，你可以想一想他俩的优点，一条一条写出来，也许能帮到你。

廖令桓 这个想法很好。我觉得张欣欣很热心，喜欢帮助同学，马晓霄虽然成绩好，可平时有点傲气和自私。我想还是选择张欣欣好了。

姜昆老师 这样不是很好嘛，作出了合适的选择。

廖令桓 可我还是觉得自己没有张欣欣和马晓霄优秀，心里很难过。

姜昆老师 俗话说"山外有山，人外有人"，你能嫉妒同学的优点，说明你有进取心。但是，如果把进取心变成嫉妒心，那就不好了。因

为嫉妒心常常会给人带来压力，使人犯错，所以我们一定要处理好它。其实，每个人都有自己的优点和缺点，张欣欣热心，马晓霄成绩好，可是在老师眼里，廖令桓聪明有趣，跟同学们相处也很好，这些都是你的优点啊。所以，我们大可不必总和别人比较，因为每个人都是独一无二的。

陈静思 是啊，也许在某个方面不如别人，但是在别的地方也许能超越他们呢。

郭子慧 嫉妒很可怕！书上说，它是一个吞噬人们心灵的恶魔，会让人的心胸越来越狭隘，使你越来越不受朋友的欢迎。

谢颉安 就是啊，廖令桓。如果有人在某个方面超越自己，我们可以大大方方地承认，认清自己与他人的差距，然后把他作为自己向前

每个人都有自己的优点和缺点。不用羡慕嫉妒他人，只要能做好自己，你就是最棒的！

的动力。

廖令桓 可是，我有时候看见别人考了好成绩，心里还是会很不舒服。怎么对待这样的情绪呢？

姜昆老师 自己做不到的事情，如果别人做到了，我们要以平常心对待。如果我们能学会分享别人的欢乐，就不会嫉妒别人了。

廖令桓 听了大家的话，我现在有信心打败可怕的"嫉妒情绪"了！

礼仪小贴士

◎ 嫉妒心理是人的一种很普遍的心理。嫉妒心理是有害的。

◎ 嫉妒是一把双刃剑，它会伤害自己，也会伤害别人。

◎ 嫉妒不能使人变得更优秀。大度开朗能让人赢得更多。

◎ 用宽容、乐观、积极的心态化解嫉妒，降低"嫉妒"带来的危害。

◎ 嫉妒与好胜的共同之处，是不甘心落后，总想胜过对方。在工作、学习和生活中，争上游、不服输是好事，但事事为人先，样样不服输却是不可能的，因为世界上没有十全十美的人。所以，要学会将嫉妒转化为健康的好胜心。

◎ 一个聪明的"嫉妒者"，会用平和的心态、祝贺的行为接受"强者"，同时寻找差距，扬长避短，发现自己的闪光点，开发自己的潜能，以求得自身的进步和发展。

◎ "你行，我让你不行"，这是病态的好胜心发出的嫉妒语，这种心理对整个社会进步危害巨大。而"你行，我争取比你还行"，则是强者发出的嫉妒语。人人这样就有助于社会进步。保持健康豁达的心态，是克服嫉妒心理的良方之一。

◎ 尽量不要与别人去比较，特别是用自身弱点比别人优点很容易带来不快。

第3节 正确面对争吵

"我就要！我就要！我就要彩色粉笔！"教室里，廖令桓正冲谢颉安大喊大叫，引得大家都聚集过来了。姜昆老师听到动静也赶到了教室。

姜昆老师 廖令桓，上节课刚讲过要正确面对愤怒，你怎么就又发火了呢？当双方意见不一致时，要心平气和地理智地表达自己的意见，争吵解决不了问题。

廖令桓 对不起，姜昆老师，我一着急就忘记了。

姜昆老师 以后要记住。现在说说，你们为什么争吵？

廖令桓 这个彩色粉笔是班级共有的，谢颉安可以用，我也可以用。可他为什么只是自己用，却不给我用一下？这让我非常生气！

姜昆老师 你刚才说话一句接一句，还有点咄咄逼人。讲理的时候，我们说话一定要注意语气，不要盛气凌人，态度要友善，这样才能更有效地进行沟通。

陈静思 就是啊。说理不是争吵，千万不要一冲动就把讲理变成毫无意义的争吵。

姜昆老师 廖令桓啊，每个人站在自己的立场上，都会跟他人有不同的观点。所以，我们认为对的事情，对方不一定会认为对。

廖令桓 如果双方立场不同，怎么才能做到意见统一呢？

姜昆老师 很简单，换位思考。你要站在对方的立场分析问题，给他一种为他着想的感觉。当双方心态平和，且乐于沟通时，再互相了解彼此的想法和观点，这时的沟通就会很有效果，也常常能达成统一的意见。

廖令桓 好，我明白了。谢颉安，我觉得你独占这根彩色粉笔是很不对的。

谢颉安 这根粉笔是我先拿到的，我不给你用。

廖令桓 凭什么不给我用？这是班级的公共财物，我一定要用！我就要！

姜昆老师 廖令桓，即使你觉得自己的观点是对的，也要顾忌对方的面子，不要一味咄咄逼人。这样既能展现出你的修养，还能赢得别人的尊重。

讲道理时，一定要注意文明交谈礼仪。

陈静思 是啊，争吵只会让你们之间的矛盾升级，要学会不带有主观偏见，尽量讲道理解决问题。

廖令桓 我就是想用这个彩色粉笔，可他偏偏不给我，该怎么办呢？

姜昆老师 谢颉安，既然粉笔是班级的，廖令桓想要用也可以的。你想想，怎么才能让廖令桓也用一下？

谢颉安 他如果能好好对我说话，还有，等我先用完，我就能给他用。

姜昆老师 这样多好，每个人都和和气气地做出一点让步，问题不就解决了嘛。

礼仪小贴士

◎ 争吵解决不了任何问题，它只是一种个人情绪的发泄，是一种没有修养和素质的表现。

◎ 意见不一致时，不要将问题无限扩大，不要恶语伤人。

◎ 聪明的人用道理和智慧说服人，愚笨的人则是用吵闹和力气。

◎ 当对方让你非常不满时，提醒自己冷静，因为争吵只会让情况更糟。即使有时你吵赢了，也往往会失去自尊和形象。

◎ 争吵是最坏的解决问题的方法，只有有礼的谦让、适当的妥协、宽广的胸怀、对他人的尊重，才是最好的解决问题的方式。

◎ 每个人都有自己的原则和底线，在没有触犯自己底线时，我们都可以表示谦让。

◎ 争吵前最好想明白几个问题：第一，究竟为何要吵架；第二，这个问题能否通过吵架来解决；第三，吵架会带来什么后果？当你想明白这三个问题，你会发现，有些问题根本不值得争吵。

◎ 消除以自我为中心的心理，懂得好东西不是一个人的，学会分享。

◎ 家长、老师平时要注重言传身教，培养和提高孩子的谦让、宽容礼仪，让他们懂得在满足自己需要的同时，也能想到他人的存在。

第4节 遇到不懂礼的人该怎么办

郭子慧在文具店选格尺，廖令桓一个箭步冲过来，把她手里的格尺抢走了，"这个我喜欢，我先拿走了！"郭子慧追上去，作势要打廖令桓。廖令桓急忙大喊："郭子慧打人啦！郭子慧打人啦！"郭子慧不但被欺负，还被告了一状，她委屈得哭了。回到教室，郭子慧请大家给评评理。

陈静思 郭子慧，别哭了。遇到不懂礼的人，我们可以耐心地跟对方讲道理，让对方意识到自己的错误。

廖令桓 哼！真是一个小泪人！爱哭鬼！

郭子慧 你是一个小强盗！抢了我选中的格尺！

廖令桓 那里不是还有很多格尺吗？你重新再拿一个就好了。

郭子慧 你看他，一点儿都不讲道理。

陈静思 无论情况多么糟糕，我们保持头脑清醒，不能冲动行事，更不能冲动骂人、打人。冲动可是魔鬼啊，惹了这个魔鬼，我们一定会做出让自己失去理智的、后悔的行为。

郭子慧 那这时候，我该怎么办呢？

陈静思 冲动时试着在心里数十个数字，做十次深呼吸，情绪就会稳定下来。而且，我们要学会从多方面看问题，绝不能因为一时的冲动，让自己也变成犯错的人。

郭子慧 没错！其实我也没想真的打他。那么，怎么才能让廖令桓认识到自己的错误呢？

陈静思 你可以高声表明自己的态度。如果廖令桓继续不讲道理，你也可以迅速离开，寻求帮助。你看，姜昆老师也来帮助你了。

这时，姜昆老师走进了教室。

姜昆老师 廖令桓，男孩子不应该欺负女孩子。你还抢别人东西，行为就更恶劣了。你有没有认识到自己的错误？

廖令桓 只是一把尺子，不用这么计较吧……

姜昆老师 你的这种想法非常不对，也很危险。东西不论大小，都要通过合理正确的途径获得。如果以后等你长大成人，还是抢别人东西，那就是强盗了。所以，这种恶劣的行为要从小就杜绝。

廖令桓 噢，我知道自己错了。郭子慧，对不起，我不该抢你的东西。你原谅我吧。

郭子慧 哼！我太生气了，我不原谅你！

陈静思 每个人都可能会说错话、做错事，我们要宽容、善待别人，给别人改过自新的机会啊。想一想，如果有一天你做错事了，别人也

东西不论大小，都要通过合理正确的途径获得。如果不经对方的同意就随便拿走，那就是抢是偷，是违背道德和法律的。

不原谅你，你会不会很难过？

郭子慧 我会很难过……

姜昆老师 如果你能原谅伤害过你的人，包容他人的过错，这不仅说明你很懂事、很宽容，还会让你多一个朋友。

廖令桓 郭子慧，你就原谅我吧，我知道我刚才太鲁莽了。

郭子慧 好吧，这次我原谅你。不过，你刚刚抢格尺时吓了我一跳。

廖令桓 太好啦！你终于不生气了！

姜昆老师 你们知道吗，你俩刚刚用了双赢大魔法：善待他人就是善待自己！只要能换位思考，相互体谅，就能获得想要的双赢结果。

礼仪小贴士

◎ 人在社会交往中，吃亏、被误解、受委屈的事总是不可避免地发生。面对这些情况，最明智的选择就是学会宽容和原谅。

◎ 对于无理的言行，尽量保持倾听的耐心和理智客观的判断。

◎ 宽容，是一个人气度、胸襟、坚强和力量的体现。一个不宽容的人，往往心胸狭隘、只知苛求，他们的心理通常处于紧张状态，长期下去，心理和生理会进入一个恶性循环的怪圈里。

◎ 宽容大度的人最受欢迎。一个对别人不计较、不追究的人，总能收获更多的友谊和快乐。

◎ 学会转换角色，换位思考，想想对方为什么会这么做？是有意的还是无意的？而不是一味地生气或谴责。如条件允许，可以友好地告诉对方，他应该怎么做才更好。

◎ 对待淘气或没礼貌的孩子，家长不能过分苛责，而是要给予应有的宽容和原谅，同时注意以身作则。所谓言传身教，就是指父母对孩子无形的教育责任。

第1节 祝寿礼仪
dì jié zhù shòu lǐ yí

jīn tiān shì jiāng kūn lǎo shī shēng rì jù huì tóng xué men dōu lái cān jiā le
今天，是姜昆老师生日聚会，同学们都来参加了。

谢颉安 jiāng kūn lǎo shī wǒ sòng gěi nín yí shù xiān huā zhù nín shēng rì kuài lè
姜昆老师，我送给您一束鲜花，祝您生日快乐！

姜昆老师 huā hěn piào liang xiè xie nǐ xiè jié ān qǐng zuò ba
花很漂亮，谢谢你，谢颉安。请坐吧。

陈静思 xiè jié ān nǐ lái zhè li zuò
谢颉安，你来这里坐。

chén jìng sī ān pái xiè jié ān rù zuò hòu kàn jian lín zuò de yí wèi lǎo nǎi nai xíng dòng bú biàn biàn gǎn
陈静思安排谢颉安入座后，看见邻座的一位老奶奶行动不便，便赶
jǐn pǎo guò qu bāng máng
紧跑过去帮忙。

陈静思 nǎi nai nín zuò zhè li ba
奶奶，您坐这里吧。

老奶奶 xiè xie nǐ gū niang xiè xie nǐ
谢谢你，姑娘，谢谢你。

yàn huì kāi shǐ le yì pán pán cài duān shàng zhuō kàn de rén xiǎng yào liú kǒu shuǐ
宴会开始了，一盘盘菜端上桌，看得人想要流口水。

陈静思 kāi yàn shí hou yào zhǔ rén xiān ná qǐ kuài zi xuān bù kāi xí kè rén cái néng dòng kuài chī
开宴时候，要主人先拿起筷子宣布开席，客人才能动筷吃
fàn hái yǒu chuán tǒng de yí xì liè jìn shí guī zé bǐ rú duì zhe fàn cài bù néng tàn qì rú guǒ shí liàng yǒu
饭。还有传统的一系列进食规则，比如对着饭菜不能叹气；如果食量有

> 吃饭时要注意餐桌礼仪，尤其是在公共场合，吃东西不能狼吞虎咽。

限，一个人不能吃太多，要让大家分享；吃饭时不要喂宠物等礼仪。主客之间应该相互敬重，营造文明、和谐的进食氛围。

廖令桓：知道啦！哎哟，我最爱吃烤鸭啦！这些我都要吃掉！

谢颉安：廖令桓，你盛了那么多烤鸭片，难道别人不吃了吗？

陈静思：对啊！你不应该一下子夹那么多，好吃的要大家分享。如果你取的不够吃，可以再取一次啊。

廖令桓：没事啊！那个辣子鸡丁是谁点的？看起来很不好吃。我不爱吃。

祝新宇：廖令桓，你不喜欢吃，也不应该批评点菜的人。其他人可能喜欢吃呢。

廖令桓：好，好，知道了！我要尝尝牛肉羹——哎呀！烫死了！

谢颉安：哈哈，让你着急吃，好像怕被别人吃光一样，这下嘴巴要起泡了！

陈静思：谢颉安，笑话别人是很不礼貌的行为。还有廖令桓，我们吃饭时要注意餐桌礼仪，尤其是在公共场合，吃东西不能狼吞虎咽，看起来很不文雅，也没有修养。

廖令桓 我以后再也不抢着吃了。现在，我嘴巴里好像着火一样。

同学们听了都笑起来。这时，郭子慧走到大厅中间的麦克风前。

郭子慧 为了表示对姜昆老师生日的祝福，我要给大家唱首歌，希望大家喜欢。

祝新宇 我们是不是应该放下碗筷，认真地观看表演呢？

陈静思 没错，这时候大家应该礼貌地停止进餐。来，给郭子慧鼓掌！

同学们热烈地鼓掌。一曲结束，郭子慧回到座位，大家才又重新拿起筷子。

姜昆老师 今天，非常感谢大家来参加我的生日聚会。我提议大家都举起酒杯，祝愿每一个小朋友都能健康成长！

戴若凡 大家祝酒，可我的杯子里没有酒。怎么办呢？

陈静思 未满18岁的青少年是不能饮酒的。不过，可以用饮料代替。

戴若凡 谢颉安，你是我的好朋友，咱俩一起用饮料干杯！

谢颉安 好啊，但是大人们总说喝酒不要过量，因为喝酒过量容易失言失态。我们是不是喝饮料也不要过量啊？

戴若凡 哈哈，难道饮料也能喝醉？

祝新宇 饮料喝多对身体不好，来，我们一起干一杯！

礼仪小贴士

◎ 祝寿是我国特有的传统礼俗，是中华民族敬老爱老、讲孝道的传统美德，表达了对长者健康长寿的美好祝愿。

◎ 给老人祝寿要准备祝寿礼品，比如寿面、寿桃、生日蛋糕，或者衣服、鞋帽、手杖等，也有人喜欢送寿字、寿联、寿屏和寿匾。忌讳送钟表（送钟谐音是"送终"）。

◎ 寿宴上的座次礼仪。寿星坐主桌首席，其长辈、平辈或至亲、领导可同桌，一般儿子、女儿不上主桌，但有空位也可陪同。另外长孙也可同桌。

◎ 拜寿有讲究。如果是德高望重者来祝寿，寿星需向其行礼致谢；如果是平辈贺寿，寿星也需起身做出搀扶姿势，以表示受之有愧；晚辈则必须向寿星行礼贺寿，并说吉祥话。一般来宾，无需特意拜寿。

◎ 贺寿时要说吉利话有"福如东海""寿比南山""健康长寿"等。年长者贺寿意为"补寿"；年少者贺寿意为"添寿"。

◎ 寿面的讲究。盛寿面时不能盛满，因为"满寿"被认为是不吉利的；寿星在吃寿面时要挑得高高的，意为"高寿"；儿孙将几根面放入寿星碗中，寓意"添寿"。

◎ 寿宴上一定要有酒。"寿酒"自然寓意为"寿久"。

◎ 寿宴上不能说带有"死""丧""老""病"等不吉利的话。

◎ 长辈寿宴应选用万寿菊、龟背竹、百合花、万年青、报春花等具有延年益寿含义的花草。

第2节 婚礼、葬礼礼仪

过几天，郭子慧要和妈妈去参加一个婚礼。她很想穿那件漂亮的白色小纱裙，又担心白色不适合，是不是穿喜庆的红色更好呢？酷酷的黑色T恤也可以吗？她发愁了，到底穿哪件呢？

郭子慧 大家快帮帮我吧，我穿哪件衣服才好呢！

廖令桓 我们男孩子才穿黑色衣服呢，你们女孩子穿黑色衣服一点儿也不好看！

女孩子穿黑色衣服不好看。

在中国去参加婚礼还是穿红色比较好，如果在国外那穿白色也很好。

谢颉安 就是！再说了，黑色衣服那是悲伤时候才穿的。

牛津 婚礼上也可以穿黑衣服，比如新郎的黑西装。不过，由于男士的服装本身庄重的颜色较少，所以黑色西装在婚礼上也很常见。而作为来宾，为了迎合喜庆的氛围，最好不穿压抑的黑色吧。

郭子慧 那白色小纱裙呢？

姜昆老师 西方从罗马时代开始，白色就象征着欢庆，如同红色在中国象征着喜庆一样。但是，毕竟各国习俗不同，所以最好选择传统的红色，这样更喜庆。

牛津 西方婚礼中新娘通常都穿白色婚纱，象征美丽和圣洁。现在，我们中国人也有很多穿婚纱结婚，这样的话宾客也最好别穿白色衣服吗？

姜昆老师 如果参加西式婚礼，客人穿白色也是合适的。其实在这种正式场合，只要不穿得过于休闲就不算太失礼了。

郭子慧 我不知道这次婚礼是中式的还是西式的，这样的话，我就穿红色衣服吧。

牛津 这样很好。

郭子慧 在婚宴上，有什么需要注意的礼仪吗？

姜昆老师 参加婚礼这样的活动，一般没有太多禁忌，只要听从主人安排，高高兴兴地配合就可以了。不过，婚礼时事多人杂，我们要妥善处理好自己的事，不能结群吵闹、追逐嬉戏，以免给主人增添麻烦。

郭子慧 这个简单，我能做到。

廖令桓 前些天，我表姐结婚的时候，我表姐夫还向我敬酒了呢！你也要小心！

谢颉安 哈哈，你吹牛！

廖令桓 是真的！我用饮料代替酒，和我表姐夫碰杯。我妈妈还让我对表姐和表姐夫说："新婚快乐，百年好合。"

姜昆老师 没错，喜宴进行到一半的时候，新郎新娘会在主持人的陪同下给宾客敬酒。宾客需要将酒接过来，对新郎新娘说祝福语，然后将酒喝掉。不过，新郎新娘一般不向孩子们敬酒，看来，你的表姐和表姐夫很喜欢、也很尊敬你啊！

谢颉安 原来婚礼上有这么多讲究，那葬礼有什么必须注意的礼仪吗？

姜昆老师 葬礼与婚礼的气氛恰恰相反，葬礼是一个悲伤的场合，婚礼是一个欢庆的场合。我们无论是着装还是情绪，都应该注意区别。

在婚宴上，如果新人向孩子敬酒，说明新郎新娘很喜欢这个孩子。

牛津 参加葬礼一般穿深色的衣服，或白色的上衣深色的裤裙，在衣袖上戴上黑纱，也可以在胸前配上白花。

姜昆老师 是的。参加葬礼不可昂首阔步，应该慢步并微微低头，同时保持悲伤的情绪，切忌流露厌烦的神情或笑容。

谢颉安 婚礼上可以欢庆打闹，葬礼上就不能这么随意了。

姜昆老师 没错。在婚礼场合无论你怎么欢乐都没事，但千万不要大哭大闹或谈起悲伤的事情，这样只会让大家扫兴。同样的，葬礼上只能流露悲伤的情绪，如果你开心得有说有笑，那悲伤的亲属会十分反感你，甚至会把你赶出去。

牛津 在葬礼上，我们应尽量关怀及安慰亲属，但要避免号啕大哭这样的过当举动吧？

姜昆老师 是啊，礼仪要遵守恰当原则，不适合自己身份的行为都是不恰当的。参加葬礼我们也不要过分流露悲伤，以免额外增加逝者亲属的悲痛。同逝者家属握手时可说"请节哀"、"多保重"等安慰的话。

郭子慧 礼仪真是太重要了，不了解真的会犯大错。

礼仪小贴士

【婚礼礼节】

◎ 参加婚礼，着装不选与新娘、新郎的礼服相近的款式，尽量避免黑色、深色和太过艳丽的颜色，得体的衣服表示对主人的尊重。

◎ 参加婚礼就是去衬托新人，要做好绿叶，莫与红花争艳。

◎ 婚礼是一个欢乐的场合，但也不要过于兴奋，尤其在婚礼进行时不要大喊大叫。

◎ 婚礼上使用的餐具要格外小心，新人都忌讳婚礼上打碎东西。

◎ 在婚礼敬酒时要适度，莫要过分为难新人和新人的父母等。

◎ 祝贺结婚送花，多用玫瑰、百合、郁金香、香雪兰、扶郎花、剑兰、大丽等。

【葬礼礼节】

◎ 参加葬礼，男女均应穿黑色、蓝色等深色服装，男士可内穿白色或暗色衬衣。

◎ 葬礼是肃穆的，吊唁者言辞应收敛，高谈阔论、嬉笑打闹都是对逝者及家属的不敬。

◎ 参加葬礼时说话声音要压低，举止要轻缓稳重。

◎ 参加葬礼的女性不可穿红戴绿，切忌浓妆艳抹、戴装饰品。

◎ 悼念逝者可送花圈，并附上写有悼唁的字句；也可送白色菊花；或在墓前栽种塔柏、南洋杉、雪松等。

第3节 探病礼仪

廖令桓学骑自行车，一不小心撞到了树上，把腿给摔伤了。他躺在病床上休息。姜昆老师准备带大家一起去医院看他。

姜昆老师 大家到齐了吗？

牛津 陈静思姐姐有事没有来，不过她已经给廖令桓打了电话，祝他早日康复，并说等他出院后去他家看望。

谢颉安 看望病人，只打电话也可以吗？

姜昆老师 可以的。如果看望者确实有事来不了，或者病者是不适合探望的传染病，都可以用电话、短信、微信等方式联系病人，以表示慰问和祝福。

祝新宇　廖令桓摔伤了腿，我们给他带什么礼物合适呢？

谢颉安　我带了四个大苹果。

郭子慧　我给廖令桓带了一束鲜花，看，多漂亮啊！

戴若凡　我没有给他买什么东西，但我给他做了一张贺卡。

牛　津　我和祝新宇准备了一个小相声，到时候讲给廖令桓听，让他开心开心。

姜昆老师　大家准备的礼物都很好。其实慰问病人的礼物不分轻重，只要是真诚的关心和慰问之情，我相信廖令桓都会很高兴地收下的。

祝新宇　姜昆老师，去病房的时候还有什么需要注意的礼仪吗？

姜昆老师　身体的不适难免会使病人情绪低落，我们进入病房后，不要

不错，大家带的东西都是很适合去看望病人的。

姜昆老师，我们准备了礼物去看廖令桓。

总谈论病情，也不要说些悲观、忧郁的话题，要多说一些鼓励和愉快的话，让廖令桓感到心情愉快。

牛津 等我们见了廖令桓，千万不要流露出他的腿伤很严重的表情，更不能在他面前表现出惊恐和担忧，那样的话，会增加他的精神压力。

姜昆老师 没错，还有到了病房里，千万不要大声喧哗，那样会影响其他病人休息。

祝新宇 等会儿我们看到廖令桓，是不是只能说一会儿话就得离开呢？

姜昆老师 是啊，病人需要静养，会客时间不宜过长。

礼仪小贴士

◎ 当亲朋好友患病时，我们应当前往探望和慰问，以表达对对方的关心和友爱。

◎ 探望病人应在医院规定的时间内前往。另外，不宜在早晨、中午、深夜以及病人吃饭时间探视。

◎ 探望病人可赠送鲜花、水果等利于病人恢复健康的东西。

◎ 如探望时病人正在休息，最好不予打扰，或稍作等候或留言相告下次再来。

◎ 与病人谈话时，一般应先询问身体状况及治疗效果。当病人讲述病情时应认真地听，不要心不在焉，左顾右盼。

◎ 不要向病人介绍道听途说的偏方、秘方，不要推荐未经临床实验的药物。

◎ 鼓励和安慰病人，淡化病人的痛苦，增强病人战胜疾病的勇气。

◎ 告别时，一般应谢绝病人送行，并询问病人是否有事相托。

◎ 如果去病人家中探望，最好提前联系约定，以免病人不便。

第4节 春节礼仪

春节放假回来，姜昆老师的礼仪课上，开始了"春节"大讨论。

姜昆老师 今年春节大家都是怎么过的？

戴若凡 除夕那天，爸爸妈妈带我回爷爷奶奶家包饺子，吃年夜饭了。

牛津 年三十爷爷奶奶来我家过年。我们晚上一起吃饺子、看晚会。

郭子慧 我看晚会，看着看着就睡着了。

姜昆老师 你睡着也很好啊！小朋友们要早点睡，尽量不要熬夜。

谢颉安 爸爸陪我看了一部精彩的动画电影。

廖令桓 我和几个小伙伴在公园玩儿滑板了。

陈静思 我还是更喜欢春节团聚的气氛。我见到了表哥和堂妹。我们有半年没见面了。大家一起聊天、出去放烟花，真是太开心了。

祝新宇 春节就是万家团圆的节日，我也喜欢一家人团聚的氛围。离

春节是阖家团圆的日子，所以过年一定要全家人在一起才是最幸福的春节。

春节的时候，我帮爸爸妈妈打扫房间。大年初一，还去给姥姥拜年。

春节还有好几天，爸爸就把爷爷奶奶、姥姥姥爷全部接来了，所以我们家今年过年可热闹了！

姜昆老师 真是非常幸福的一个年啊！现在，大家想想，过年时候都有什么特殊礼仪呢？

谢颉安 在过年的前几天，我们全家大扫除，把家里打扫得干干净净。

姜昆老师 这是老一辈人说的"扫尘"，寓意把这一年的霉运和不顺心都扫得干干净净，新一年会有新气象。

戴若凡 大年初一一大早，爸爸妈妈让我起来给爷爷奶奶磕头拜年。奶奶还给了我压岁钱。

郭子慧 啊？磕头不是古人的礼仪吗？

姜昆老师 是啊，现代社会这种磕头礼仪很少见了，偶尔会在拜年活动中，儿孙辈对长辈施行。现代社会的拜年，一般用拱手礼和鞠躬礼。成人之间的新年拜贺，一般沿用西方社会传入的握手礼。过节期间熟人之间、邻里之间互相说"过年好"，如过完正月十五，还没出阴历一月，还可相互"拜晚年"

戴若凡 是的，爷爷的朋友来拜年，就是用拱手的方式拜年的。

姜昆老师 春节是大团圆的日子。大家想一想，怎样才能在这样的日子里，增进家人之间的情感交流？

牛津 一家人在一起吃饭、聊天、看电视，就是很温馨很幸福的事，还需要什么特殊的形式吗？

姜昆老师 当然需要。戴若凡给爷爷奶奶磕头拜年，除了孝敬长辈，也是一种增进家人情感的形式。

戴若凡 拜年的时候，妈妈让我祝福爷爷奶奶，我就祝福爷爷奶奶"健康长寿、长命百岁"。然后爷爷奶奶祝福我"健康成长、天天向上"。

姜昆老师 大家看，戴若凡的几句祝福，表达了他和爷爷奶奶多么深厚的感情！所以说，礼仪展现了互相的尊重和爱护，是我们生活中不可缺少的一种形式。

郭子慧 我陪着爷爷奶奶看电视过年，还给他们倒茶。他们都特别高兴。

谢颉安 我去姥姥家拜年的时候，我会给姥姥剥橘子吃。

牛津 我爸爸不仅在春节，就是平时也会常常回去看望爷爷奶奶，并且买好多东西孝敬他们。

礼仪小贴士

◎ 春节是家人团圆的节日，晚辈向长辈和亲戚拜年、问候是必要的礼仪。

◎ 家长要提前教会孩子向长辈说春节祝辞，比如"春节快乐""新年好""新年如意"等。

◎ 拜访前一定要提前联络和约定,不做不速之客。

◎ 一般春节期间访客较多,如果不是至亲、故交,或没有被对方再三挽留的情况下,不宜停留一小时以上。

◎ 亲戚朋友送红包或压岁钱时,不要当着客人的面拆开。

◎ 年节礼物贵在真诚和情谊,最好购买容易携带、讲品味、有喜庆感的物品,以表示对亲戚、朋友、长辈的关爱。

◎ 年节时要谈轻松愉快的话题,忌谈悲哀事,破坏人家情绪。

◎ 春节聚餐不可少,一定要恪守餐桌礼仪,做一个有教养的人。

第5节 军、警礼仪

我们经常在电视新闻看到各国领导人检阅仪仗队,军人很威武。

姜昆老师 谁来说一说关于军人的礼仪呢?

祝新宇 我知道!军人要敬礼,是这样的——

祝新宇挺直上身,迅速抬起右手,五指并拢,微微贴近太阳穴。

陈静思 祝新宇的姿势很标准。不过,这种礼叫举手礼,是敬礼的一种。在升国旗时,穿军服的军人们都会行庄严的举手礼。

祝新宇 那敬礼还包括什么礼呢?

陈静思 还有注目礼和举枪礼。当军人没穿军服,或者不方便行举手礼时就会行注目礼。举枪礼当然是举着枪行礼了,不过这种礼只在执行阅兵或仪仗任务时使用。

郭子慧 如果遇到军人,我们该行哪种礼呢?

103

姜昆老师 敬礼是军人与军人之间的一种礼仪。如果一个军人向长辈、政府领导、普通群众敬礼，人们可以点头致意和握手，或者说声"你好""谢谢"等回应对方，这样就不会显得没有礼貌。

戴若凡 那我们向军人敬礼也是不对的喽？

陈静思 如果你对军人十分喜欢和崇拜，也可以用敬礼表达自己的心情。

祝新宇 原来是这样呀！那么，看到警察是不是也不用敬礼？

姜昆老师 交警在处罚司机时经常先向司机敬礼。警察在检查身份证时也向被检者敬礼，检查完一般要向被检查者说声谢谢。人们一般向他们点点头回礼。实际上，警察的很多礼仪基本都是按照军队的标

如果军人向我们敬礼，可以点头致意或握手回礼。当然，也可以敬礼。

准动作来做。

郭子慧 我觉得军人叔叔们敬礼时特别帅气！

廖令桓 哎呀，我想起一件事！上次去英国，我看到一些英国军人敬礼时他们的手掌向着外面，是不是很奇怪？

戴若凡 不会吧？这么有趣。

陈静思 世界各国的军礼区别很大。英国陆军和空军敬礼时确实手掌外翻，这种手姿表示手中无武器，很安全。

姜昆老师 法国和澳大利亚军人敬礼时手掌也会外翻。波兰的"两指敬礼"十分奇特，用食指和中指并拢贴向帽檐，据说是为了纪念一位失去两根手指却依然坚持向上级敬礼的士兵。俄罗斯军人敬礼时头会微微上仰。而美国军人在非正式场合敬礼时允许俏皮随意些。各国军礼都有自己的特点。

祝新宇 没想到，军礼有这么多种。

姜昆老师 军警礼仪除了敬礼，还包括仪容仪表礼仪、举止言谈礼仪等等。

礼仪小贴士

◎ 军人和警察必须有礼节，它体现了秩序、友爱和互相尊重。

◎ 军人和警察应当举止端庄、谈吐文明、精神振作、姿态良好。

◎ 军人、警察着制服执行公务时，不得背手、袖手、插兜、搭肩、挽臂、揽腰、酗酒、赌博和打架斗殴，不得嬉笑打闹、高声喧哗。

第1节 乘车礼仪

礼仪课上，姜昆老师播放了有关旅行的录像，帮助大家一起讨论乘车时的礼仪。

姜昆老师 大家注意，这是一台神奇的电视机，待会儿你们就知道了，现在来看录像。

视频 候车室里，姜昆老师正带着大家等候长途汽车。旅客很多，所有人都举止文明，互相礼让，一点儿都没有拥挤。站内服务员正寻找着需要帮助的旅客。

牛津 郭子慧，你的书包都要被撑破了，把东西取出一些放在我的包里。

郭子慧 没关系，一会儿上车就好了。

牛津 还是放在我这里吧。车上人多，以免掉落东西给其他乘客带来不便。

郭子慧 好吧，谢谢牛津哥哥。

谢颉安 戴若凡，你看那个牌子上的字是什么意思啊？有好几个字我都不认识。

戴若凡 上面写着：不喧哗，不随地吐痰，不乱扔废弃物。意思就是不乱喊、乱吐、乱扔东西，保护环境的意思。每一个出行的人都要遵守哦！

郭子慧 大家快看！那里有一只小狗在睡觉，它多可爱！

廖令桓 我们家养的就是这种狗，叫蝴蝶犬。

郭子慧 哇，太可爱了！我也想养一只。

陈静思 这只狗狗睡在了过道里，挡住其他旅客的去路了。应该让它睡在不会影响他人的地方。

牛津 让我来处理吧。

（视频）牛津走到狗狗身边，和坐在旁边的一位女士进行沟通。

牛津 打扰您了女士，请问这是您的狗吗？

女士 是的。

牛津 您的狗睡在过道里既会影响其他旅客行走，也十分危险。如果有乘客不注意，拉着沉重的行李箱着急经过时，还可能碰伤它。您最好让它睡在座椅下面，那里比较安全。

女士 你说的很对，谢谢你的提醒。

（视频）牛津帮助女士，一起将蝴蝶犬挪到座位下面。

姜昆老师 大家做的都很好，不仅自身遵守了出行礼仪，还懂得引导和帮助别人。

（视频）旅客检票进站了。姜昆老师和牛津拿着大件行李走在前面，祝新宇拉着戴若凡、郭子慧、谢颉安和廖令桓跟在后面，最后面是陈

坐公共交通时，行李要放在行李架上。

坐车时，不能把手伸出窗外，也不能探头出去。

静思。大家排队上车。想起那只睡在过道里的狗狗，大家都自觉把东西放在了行李架上，接着，各自找座位坐下。

奶奶，您坐我这里。您慢点。

谢颉安 廖令桓没有把东西乱扔在过道里，真是让我刮目相看。

廖令桓 你们才刚刚教育完那只狗狗，难道我会忘记？

姜昆老师 呵呵，廖令桓的反应能力还是很快嘛！

陈静思 戴若凡，不要把头和手伸出窗外，这样很危险的。

戴若凡 哦，好的，我不会了。

郭子慧 祝新宇，坐车需要很长一段时间，你们给大家唱个歌吧。

廖令桓 太好了，我也想听。

谢颉安 车上有很多乘客，为了不影响他人休息，规定上车以后不要大声喧哗。欢迎你们野餐时给大家唱歌。

视频 一会儿车开了，大家开始昏昏欲睡。半路上，上来一位老奶奶，大家都没看见，没有人让座。

姜昆老师 这时候没人让座，并不是大家不懂礼貌，而是谁都没有注意到。

视频 这时，郭子慧醒了，她看到了站在过道里的老奶奶。

郭子慧 老奶奶您过来，到我这里坐吧！

牛津 （听到声音睁开眼睛）老奶奶，您坐这里吧。

老奶奶 好的，谢谢你，小伙子。

郭子慧 戴若凡，咱俩挤挤，让牛津哥哥和我们坐一起。

戴若凡 好啊！

视频 牛津和郭子慧、戴若凡坐在一起，汽车继续前行。

姜昆老师 大家的表现让我非常高兴，不仅相互团结关爱，还懂得帮助他人。

视频 突然，廖令桓脚一蹬，把两只鞋脱了。祝新宇忍不住捏住自己的鼻子。

祝新宇 廖令桓，快把你的鞋穿上。

廖令桓 哎呀，让我睡得舒服点嘛。

陈静思 廖令桓，还是把鞋子穿上吧。你汗脚的味道熏得满车厢都是，这是对其他旅客极大的不尊重，也是一种很不礼貌、很不文明的行为。

视频 廖令桓听了，默默地把鞋重新穿好。

祝新宇 姜昆老师，我想问个问题。汽车上人很多，廖令桓脱鞋子很不好，那如果他乘坐出租车，里面没有别人，这时可不可以脱鞋呢？

姜昆老师 在外乘坐交通工具，都不许脱鞋子。因为脱鞋会把脚臭味散发出来，影响其他旅客的情绪。即使没有旅客，也要为司机师傅着想。在公共场合也不要脱鞋。

郭子慧 这样的话，乘车也不能衣衫不整喽？

姜昆老师 那当然。无论我们乘坐何种交通工具，都是在一个半公开的场合，应该注意自己的仪表整洁。还要强调一下，外出时乘客和驾驶员都要严格遵守交通规则。

礼仪小贴士

◎ 如果乘坐无人公交车，要提前备好零钱，刷卡的要主动刷卡。

◎ 乘车时不要穿油污衣服，不带很脏的东西。如果必须带上车，要放到适当的地方或者在外面套上袋子，并提醒其他乘客注意。

◎ 看到老幼病残孕旅客，我们要主动让座。

◎ 行李要放在行李架上，不占用他人座位，也不放置在过道。

◎ 自觉保持车厢的安静，不大声喧哗。

◎ 自觉保持车厢的整洁卫生，不随地吐痰、乱丢纸屑果皮，废弃物要放进垃圾箱内。

◎ 下雨天乘公共汽车，在上车前把雨伞折拢，雨衣叠好，不要弄湿别人衣服。

◎ 车厢内扶好站稳，以免刹车时碰、踩别人。碰到别人要道歉。

◎ 车上遇到熟人点头示意，不要挤过去交谈，更不要大声交谈。

◎ 下车要提前向门口移动，以免耽误其他乘客的时间。身体不适或不便的乘客，可等车停稳再起身下车。

◎ 下车时要按次序下，注意扶老携幼。

第2节 行走礼仪

上课铃响了，廖令桓急急忙忙往教室跑，一下子把走在前面的姜昆老师的书撞掉了。他赶紧帮姜昆老师捡起书，缩着脑袋跑进了教室。

姜昆老师 大家刚才看到廖令桓跑进教室的姿势了吗？

同学们 看到了，他缩头缩脑，不帅气。

姜昆老师 是啊，大家都觉得缩头缩脑的样子很可笑。注意，我们一生中谁都离不开行走。行走不仅是一种简单有效的健身方式，还能体现一个人的内在美。那么，大家知道如何正确的行走吗？

祝新宇 我知道。走路时要抬头挺胸，表现出不慌不忙、稳重大方的态度。

姜昆老师 说得好。那么步态呢？

陈静思 正确的走步姿态应该是：人的上身挺直不动，两肩相平不摇，两臂自然摆动，两腿直而不僵，步幅适中，两脚落地于一线。不要内八字或者外八字行走。

牛津 我觉得，正确的走姿应该男女有别，不能用同一个标准。

姜昆老师 那你说说，男女走路应该有什么区别。

牛津 男子走路时，要行如劲风，两脚跟交替踩在各自的直线上，两脚尖稍外展。女子走路要行如和风，两脚行走的是正对前方的一条直线，而不是两条平行线，也就是通常所说的"一字步"或"猫步"。

郭子慧 猫步？那不是模特们走路的姿态吗？

牛津 没错，左脚和右脚轮番踩在中间的一条直线上。

谢颉安 为什么女的就要走在一条直线上？为什么不能走在两条直线上呢？

牛津 如果两条腿走两条平行的直线，人的臀部就不摆动，走路的姿势就会显得僵硬，就会走成人们说的"鸭行鹅步"。那样就会失去步态的优美。

郭子慧 哈哈哈，那就成了晃来晃去的鸭子了。

祝新宇 我补充一点，男孩走路要走出矫健稳重的阳刚之美，女孩走路应该走出轻盈优雅的娴静之美。

男子走路时，两脚跟交替踩在各自的直线上，两脚尖稍外展。女子走路时，两脚行走的是正对前方的一条直线，也就是通常所说的"一字步"或"猫步"。

郭子慧 那要是走不出那种姿态怎么办？

陈静思 走路的仪态标准，是让我们尽量按照标准姿势校准自己的走路姿态，但是，我们每个人都有自己的走路特点。这与标准步态并不冲突。

姜昆老师 是啊，标准和特点可以共同存在。我们平时应该尽量要求自己挺胸收腹、直腰、步态稳健地走路。因为这样的姿态对于每个人来说，都会是最美的自己。但每个人走路肯定都不完全一样。

祝新宇 通过步态，能表现出青少年的活力和朝气吗？

牛津 当然可以。步态分为两个部分，一个是步位，一个是步度。步位是指脚踏在地上之后，应该落在什么地方。步度，是脚踩出落地后，脚跟和未踩出的那只脚的脚尖之间距离，要恰好等于你的脚长。

你只要能掌握好自己的步态，就会在行走时带给人一种充满活力健康的感觉。

郭子慧 只要这样走路就可以吗？

牛津 这是一个标准。我们让自己尽力贴近这个标准，同时自然而然地表现自己，就能做一个步态优美的青少年。

姜昆老师 大家今天讨论得真好。

礼仪小贴士

◎ 走路时不可弯腰驼背，那常常是一种精神状态处于低潮或有自我防卫心理的表现。

◎ 走路时不可大摇大摆或左右摇晃，那是种轻佻、缺少教养的表现。

◎ 走路时不可双手背在身后，那是一种傲慢、呆板的表现。

◎ 行走时脚不拖地、双手不插裤兜，因为这都是不良的行走习惯。

◎ 走进会场、走向话筒、迎向宾客，步伐要稳健、大方。

◎ 走进办公机关、拜访他人，在室内时脚步应轻而稳。

◎ 办事联络，步态应快捷而稳重，以体现效率、干练。

◎ 参观展览、探望病人，步态应轻而柔，不要出声响。

◎ 参加喜庆活动，步态应轻盈、欢快、有跳跃感。

◎ 小朋友们走路时不可突然奔跑，避免与他人相撞或发生事故。

◎ 在路上行走时，要走在人行道内，没有人行道的靠路边行走。

◎ 很多国家规定步行时靠右，如上下楼梯、过斑马线、电动扶梯等都靠右行走或站立等，这样是为了把左侧的应急通道让开，并避免影响对面来人。注意！还有一些国家如英国、日本等规定靠左行走。

第3节 就餐、住宿的礼仪

姜昆老师带领大家来到一座海滨城市，在一个快捷酒店住下了。大家旅途劳顿，都饿坏了，一起来到餐厅吃饭。

姜昆老师 现在没有什么客人，大家每人点一道菜，很快就可以开饭了。

戴若凡 点菜需要注意什么礼仪呢？

姜昆老师 餐厅点菜时，一般要遵循先尊者、女士、客人点菜的原则。如果是比较亲密的熟人，那就无所谓了。今天大家点菜时不要点太昂贵和太多的菜，要避免奢侈浪费。

郭子慧 哎呀，哎呀，那边的桌子下面有只小狗拉屎了，太恶心了。

陈静思 餐厅是不能带也不允许宠物进来的。宠物会使其他食客不舒服。

牛津 我去找服务员。

很快，一位服务员跟着牛津过来了。她把餐厅清理干净，然后抱着宠物狗离开了。

郭子慧 餐厅是吃饭的地方，就不应该让宠物进来。真是的。

姜昆老师 没错。带宠物不能进餐厅，除非是盲人带的经过特殊训练的导盲犬。

这时，大家点菜完毕，就等上菜了。突然廖令桓拿起勺子，"铛铛铛"地敲起了碗。

廖令桓 我饿坏了，我饿坏了……

陈静思 廖令桓，我们在用餐过程中，不能将餐具弄出很大的响声，也不能在咀嚼食物时嘴巴发出很大的声响。这些是基本的用餐礼仪。否则这些噪音会影响他人吃饭的。

谢颉安 那吃饭的时候能不能说话？

牛津 吃饭前可以交谈，但也不能大声喧哗。在吃饭的时候呢，如果口含食物，那千万不要跟其他人讲话。因为你会很容易把食物喷溅到对方的脸上、身上，甚至可能使食物呛入气管，给自己造成危险。

谢颉安 看来，不要大声喧哗的礼仪，在很多地方都是需要的。如果我需要服务员过来，我能不能大声叫她？

牛津 对服务员，我们一定要尊重，不可以大声呼来喊去，更不可以出言不逊。如果有什么事需要帮忙或者认为服务员服务不周、出现错误，那可以理性地说出来。

郭子慧 我想到一个问题。如果有一道我喜欢的菜离我很远，那么，我站起来自己伸手夹菜，还是让服务员过来帮我呢？

姜昆老师 遇到这样的情况，你的两种方法都不好。最好的方法是按顺时针方向旋转餐桌，然后从盘子最靠近你的一边夹菜。如果餐桌不能旋转，那么可以等服务员来布菜，或者请靠近那道菜的人帮忙夹给你。

祝新宇 夹菜时有什么需要注意的礼仪吗？

姜昆老师 夹菜时，不要在公共盘子里翻来翻去，这样既不礼貌也不卫生。如果有条件的话，最好用公筷夹菜，放在自己的盘子里。

陈静思 如果一个菜的量很少，该怎么办呢？

姜昆老师 这时我们要遵循谦让之礼，以先尊长、女士、客人的原则食用。

廖令桓 以前我遇到好吃的，就一下子全弄到自己碗里，然后吧唧吧唧吃个饱。真是太没礼貌了。

115

姜昆老师　这样的行为不但很自私无礼，而且吧唧吧唧声音也非常有失礼仪。

郭子慧　如果一个人的嘴角留下菜汤，或粘上饭粒，是不是该用餐巾纸擦掉呢？

姜昆老师　那当然。这里我说两个需要用到餐巾的地方。一是，当我们的嘴角留有饭菜时，我们不能用舌头舔，也不能用手背擦，而是要用餐巾纸或餐巾轻轻地抹去。二是，当我们吃带刺或有骨头的菜肴时，不要直接往外吐，最好用餐巾捂着嘴，然后轻轻吐在自己的盘子里面。

谢颉安　今天学习了好多吃饭的礼仪。

廖令桓　哇，上菜了！上次把嘴烫了，这次我可要文雅地吃饭了。

姜昆老师　还有，如需剔牙，一定一手拿牙签另一手遮挡着嘴和剔牙的手，千万不可以用筷子剔牙，那样太恶心人了。

> 就餐和住宿时刻伴随着我们的生活，所以这方面礼仪大家一定要记住，不论在家里还是在外面，都要做一个让人喜欢的有礼仪的人。

礼仪小贴士

◎ 餐厅就座时坐姿要端正，不要抖腿或摇腿，更不能翘起二郎腿。

◎ 不要在酒店房间里大声喧哗，以免影响其他客人休息。

◎ 在走廊、电梯要懂得礼让他人，充分尊重和体谅服务人员。

◎ 不允许住客在客房内随意留宿其他外来之人。

◎ 不要身着内衣、睡裙、裤衩之类的"卧室装"在公共场所活动。

◎ 遵守酒店内各项规定，爱护房间内设施，不得随意损毁。

◎ 不要因为有服务员定时清扫房间，便忽视了环境卫生的保持。

◎ 需要服务员帮忙时，先查看酒店须知，按引导打电话进行通知。

◎ 不可将客房或饭店内的公用物品随意带走，据为己有。

第4节 如厕礼仪

"廖令桓太讨厌了，上完厕所总是不冲水，刚刚又是我帮他冲的！"谢颉安气呼呼地走进教室说。姜昆老师听了，决定这节课就讲讲厕所礼仪，相信廖令桓会改变的。

姜昆老师 不论是在家里还是在外面，我们每天都要用到卫生间。谁知道使用卫生间要注意哪些礼节？

廖令桓 （眼睛骨碌碌地转）上厕所也有礼节吗？

郭子慧 我们家是坐便器，妈妈说，坐便器不能站在或蹲在上面，那样很不卫生。

陈静思 没错，现在有些人使用公共卫生间时，由于担心坐便器很脏，所以就站在或蹲在上面方便。这样影响别人，还容易摔倒。

117

廖令桓 哇，这种人肯定练过功夫，要是我肯定办不到。

谢颉安 你能做到最简单的冲水就好了。那样才文明！

戴若凡 就是！上完厕所一定要冲水。我在家里时，还会把马桶盖盖住冲水。因为冲水时的气流会把排泄物的细菌冲到空中。

姜昆老师 廖令桓，你看，连戴若凡都能做到便后科学冲水，你为什么就做不到呢？

廖令桓 我……我就是觉得小便……没那么脏……

姜昆老师 你想想，如果人人上厕所都不冲水，那厕所会变成什么样子呢？

郭子慧 厕所会变得很脏很脏，气味也很难闻，很恶心恐怖！

廖令桓 我知道了，以后我会冲水，会注意维护厕所卫生。

姜昆老师 很好，相信你能做到！还有谁知道哪些厕所礼仪呢？

祝新宇 在繁华地段上厕所时，人常常很多，这时要有序排队，不能加塞，不与他人争抢。如果情况紧急，可以先向前面的人征求同意。还有，当厕所门关着，进去时一定要敲门，以免造成尴尬的场面。

牛津 一些公共卫生间会提供

使用公共厕所时，一定要记得冲水哦！

免费厕纸。有的人想着"不用白不用"，便随意浪费。还有，使用自来水和洗手液时也"挥霍无度"。其实，这些都是缺少公德心，很没有教养的行为，我们一定不能这样做。

旱厕无法冲水。但是现在冲水厕所还无法在我国农村普遍建设。

廖令桓 没想到上厕所有这么多"礼仪"。难道就没有简单点的厕所吗？

姜昆老师 有些农村的旱厕很简单。下面一个坑，粪便就排在里面。由于太简陋，这种厕所常常臭气熏天，尤其是夏天，会招来一大群苍蝇、蚊子。你喜欢用这种厕所？

廖令桓 （急忙捏住鼻子摇摇头）太可怕了，我可不用。

郭子慧 这种厕所真恐怖！为什么农村不用冲水厕所呢？

牛津 有些农村地区厕所文化还很落后，干净卫生的厕所还没推广开来。

姜昆老师 我个人觉得，很多地方都需要来一次厕所革命，彻底改变现状。

同学们 希望有一天，所有在农村的人们也全能用上干净、卫生、舒适的卫生间。

礼仪小贴士

◎ 国际上最通用的洗手间标志是WC。女洗手间的画图多为女士头像、裙子、皮包、高跟鞋，男洗手间多为男士头像、帽子、烟斗、长裤。如果以颜色区分，男士洗手间为蓝色，女士洗手间为红色。

◎ 在火车、飞机和轮船上，洗手间男女共用。使用前应看标志是否有人，不要贸然进去。

◎ 自觉保持洗手间的卫生，不乱涂乱画，不乱扔厕纸和垃圾。

◎ 用洗手间时要关门，用完洗手间时要开门。进出时轻关轻开，不要制造太大声响。

◎ 走出洗手间前应把衣服整理好，不要边走边整理。

◎ 洗手时要节约用水。洗手后使用烘手机，不要把手上的水四处乱甩，这样不仅会把地板弄脏，湿地面也易使人摔倒。

◎ 我国很多地方的旱厕亟需改进，希望农村地区加大传统旱厕改造，提高生活品质。

第5节 景点观光礼仪

姜昆老师带小朋友们去动物园游玩。大家都在楼下了，又等了十分钟，廖令桓才姗姗来迟。

廖令桓 今天逛动物园，我精心挑选了这件棕色猴子帽休闲服。

姜昆老师 不错。我们逛公园、风景区、动物园这样的休闲活动场所，最好穿着休闲风格的衣服。

谢颉安 我们除了要穿合适的衣服，还要注意什么礼节呢？

姜昆老师 公园、景区和动物园的礼节比较简单。陈静思你跟大家具体说说。

陈静思 我们去公园和景区游玩，要遵守那里的秩序，听从园区管理人员的引导和园区内指示标牌的指引，基本就可以了。当然，遵纪守法，注意人身安全，不闹事，这是在哪里都需要注意的。

郭子慧 哦，我懂了。在哪里就要遵守哪里的规则。如果上山呢？

陈静思 上山游览时，我们不能攀登禁止攀登以及标明危险的地方，以免出现摔伤、落崖等事故。

郭子慧 如果去有山有水的地方呢？

陈静思 如果是有水的地方，就要注意不要落水。即使会游泳，也要结伙互相照顾，千万不要到标明禁止游泳的地方游泳。这样就算遵守相关规定了。

姜昆老师 你说得没错。我们今天来到动物园，就要遵守这里爱护动物的相关规定。

戴若凡 野生动物园的动物是放养的，我们不能惊吓它们。

姜昆老师 是的。（牛津这时候举手表示要说话）牛津你说吧。

牛津 礼仪的核心就是表达心中的尊敬。我们应该尊敬一切环境中的植物和动物，并表达我们对它们的尊敬和爱护。所以，我们不但要保护在各种动物园和公园里的野生动物，还要自觉不去购买和野生动物相关的一切制品。这也是一种保护动物的礼仪。

姜昆老师 你说的很有道理。现在全世界都在保护环境和保护动植物，我们应该把保护这些当做我们自觉的礼仪行为。这里多说一句，我们不要虐待宠物和流浪的小动物！

陈静思 我们要爱护和保护森林，以及其他绿色植被，减少水土流失，这些行为是我们保护环境的行动，也是一种 必要礼仪吧。

姜昆老师 不错，我们要懂得特定地方的特别要求，只有符合这些要求的行为才是懂礼的行为。谁还知道这些公共场所的其他礼节呢？说说看。

谢颉安 我知道。妈妈有时候带我去景区或公园里野餐，每次她都让我把果壳等杂物扔进垃圾箱里。如果附近没有垃圾箱，我们就装入塑料袋中带走。

牛津 在许多著名的旅游景点，总是有人在墙上、雕塑上、柱子上、石碑上或其他建筑物上，乱涂乱画，留下所谓的"纪念"痕迹，其实这些都是很丢脸的、很失礼的行为。

陈静思 听说故宫御花园内一口三百年历史的铜缸，就被一对情侣在上面画心刻字了，这件事在网上闹得沸沸扬扬。这种破坏古代文物的人都是缺乏教养的人。

姜昆老师 没错。我们要爱护文物古迹、建筑、花草树木，不涂写、不刻画。那些破坏景点设施以及文物的行为，都是不文明的，他们自以为留了名，实际上都是臭名远扬。

爱护文物古迹，维护公共环境，不涂写不刻画，也不乱扔垃圾。

同学们 姜昆老师您说得真好啊！

姜昆老师 好了，现在我们一起去猴山看猴子吧！还要记住，动物园的每一种动物都有专人喂养，它们有自己喜欢吃的食物和合适的食物量。为了动物们健康，我们可不能乱投乱喂啊。

同学们 我们知道了。

礼仪小贴士

◎ 爱护旅游景点的一砖一瓦、一草一木。山川名胜和历史古迹是不可再生的宝贵的自然资源和文化遗产，应倍加珍惜。

◎ 在需要静谧观赏的地方，不要大声喧哗、嬉笑打闹。

◎ 不污染景点内的水资源，尽量保持水域的环境卫生；在山林中还应注意防火。

◎ 旅游途中，如走在狭窄的曲径、小桥、山洞时，要主动给老弱妇孺让道，不争先抢行。

◎ 如果你是随团队旅游，一定要听从导游的安排，离队时务必要征得导游同意。

◎ 在自由游览期间，不可玩得忘乎所以而误过归队时间，让全队人为你担心、等待。

◎ 不要独自在禁行之处"探险"，在遇到购票或观看景点的人较多时，要自觉排队等候。

◎ 入乡随俗，尊重当地的一些风俗习惯和文化禁忌等。

◎ 乘坐缆车时要提前上车，不要迟到，以免让他人等候。年轻游客尽量坐到车厢后面，把前几排座位让给老人和妇女儿童。

◎ 观光车的第一排一般都是留给领队导游的，游客尽量不要坐。

◎ 我们要爱护和尊敬大自然，保护大自然里的一切动植物。爱护地球，就是爱护我们自己的家园。

◎ 游览宗教场所要特别了解一下这方面的知识。

第1节 汉族传统礼节

"我们常常在古装影视剧中看见叩拜、作揖的礼节，今天我们深入讨论中国的传统礼仪。"姜昆老师的提议，让大家振作了精神。

陈静思 我们经常在影视剧中看见跪拜和作揖的礼仪，这些应在什么情况下使用呢？

姜昆老师 这两种礼仪都是中国古代最常见的见面礼，跪拜礼比较庄重、正式。日常一般性的打招呼，用拱手礼、作揖就可以了。

牛津 我见过拱手礼，就是双手合抱，一般右手握拳在内，左手加于右手之上举至胸前，站立而不俯身，这表示的是一般性客套。

拱手礼一般右手握拳在内，左手在右手上面，然后身体站直，举至胸前。

磕头礼只在晚辈拜见长辈、地位低的人拜见地位高的人才使用。不过，现在这种礼在逐渐弱化。

姜昆老师 没错！除了拱手礼，还有是到别人家做客，在进门与落座时，主客相互客气行礼谦让，这时行的就是作揖之礼（也称"揖让"）。作揖同样是两手抱拳，拱起再按下去，但同时要低头，且上身略向前屈。

陈静思 这么说，作揖比拱手礼更正式一些。

姜昆老师 是的。作揖礼在古代日常生活中最为常见。除了上述社交场合外，在向人致谢、祝贺、道歉以及托人办事等场合，身份高的人对身份低的人回礼时，也常行作揖礼。

祝新宇 那什么情况下见面要磕头呢？

姜昆老师 磕头，也是我国传统常用的见面礼。不过，这种礼节只在晚辈拜见长辈、地位低的人拜见地位高的人才使用。譬如儿女远行归来拜见父母、祖父母，家族灵位；百姓、臣子拜见官员、皇上，都要行跪拜礼。

牛津 跪拜礼是人用双膝着地，头、手有节奏地触地叩拜，也称"叩首"。

姜昆老师 是的。现代文明主张人人平等，跪拜礼已经不常见了，只在葬礼、祭祖、宗教活动或者拜年活动时才能偶尔见到。

陈静思 我觉得中国传统的座次之礼也很重要。在参加聚餐活动时，如对客人的座位顺序安排不妥当，会使得他感到受到轻慢和不愉快。

牛津 是啊。我家里有时候会宴请朋友或聚会。每到这时，妈妈总会很细心地安排每个人的位置，担心安排不妥而失礼。

姜昆老师 是的，在参加宴席、会议时，座次的安排有主次尊卑之分。通常长者上坐，少者末坐，这是安排座位的规矩。如果安排或者误坐错席位，不仅主人不高兴，自己事后也会为失礼之事追悔莫及的。

祝新宇 座位主次怎么分的呢？我们怎么知道自己该坐哪个位置？

姜昆老师 当自己不能把握坐何种席次时，最好的办法是听从主人安排。

牛津 我从书上看到过，室内座次以东向为尊，即贵客坐西席；主人一般在东席上作陪；年长者可安排在南向的位置，即北席。

姜昆老师 这方面各地是有所差别的。你知道入座的规矩吗？

牛津 入座的规矩是，吃饭时身体尽量靠近食案，没吃饭时身体则应该尽量靠后。

姜昆老师 说得没错，这些中国传统礼仪都是我们现在人也需要注意的。还有一个我要补充一下，如果有贵客光临，我们应该立刻起身打招呼致意。

祝新宇 那吃饭时的传统礼仪呢？

姜昆老师 饮食礼仪在中国传统礼仪中占有极重要的位置。陈静思，你来说说饮食礼仪的名称有哪些？

陈静思 我知道迎宾的宴饮称为"接风""洗尘"，送客的宴饮称为"饯行"，家庭聚会称为"家宴"，还有各种庆祝名称的宴饮，如"喜宴""白宴""寿宴"等等。

姜昆老师 没错。我还要说一下中国"无酒不成席的礼仪"的宴饮传统。宴席上饮酒有许多礼节，客人需等主人举杯劝饮后才能饮酒。在宴席过程中，如果客人想要表达对主人盛情款待的谢意，可以在宴饮中间举杯向主人敬酒。具体的敬酒礼仪你们长大再学习吧。

陈静思 不过，现代社会坚决反对强行劝酒和拼酒，这些旧的陋习应该加以摒弃。

姜昆老师 说得没错。我们要剔除传统礼仪中的不适合现代社会文明的部分。

礼仪小贴士

◎ 中国人的礼制精神是亲亲爱人，礼仪原则是自卑尊人。

◎ 与人交往时要谦恭待人，放低姿态，尊重他人。

◎ 传统礼俗中的诚敬谦让、和众修身的礼仪原则在当今社会仍然值得提倡。不过，旧时礼俗复杂，我们需认真辨析，择善而从。

◎ "行不中道，立不中门"原则：即走路不可走在路中间，应该靠边行走；站立不可站在门中间。这样既表示对尊者的礼敬，又可避让行人。

中国自古是个人情社会，人们相互关怀、相互体恤，在拜贺庆吊中有许多仪礼俗规。

拜贺礼一般行于节庆期间，是晚辈或低地位的人向尊长的礼敬；同辈之间也可相互拜贺。

人的一生要经历诞生、成年、婚嫁、寿庆、死亡等阶段并形成了一系列礼仪。

诞生礼隆重热闹。亲戚朋友陆续上门恭贺，并馈赠礼品等。有的家庭还在孩子出生一个月时"办满月"或在孩子出生一百天时举办活动。

小孩长大成人时要行成年礼，成年礼在中国古代称为冠笄之礼，即男子加冠，女子加笄（年龄男子20岁，女子15岁）。而现代成年礼的年龄在18周岁。

婚礼有六道程序，所谓"周公六礼"，即纳采、问名、纳吉、纳征、请期、亲迎等。

大婚之日，亲友纷纷前来恭贺，主人要大宴宾客。新郎新娘还要给小孩"红包"

婚礼的高潮在亲迎，新郎到女方家迎娶新娘。新婚夫妇拜高堂、入洞房，然后行结发礼与合欢礼。

寿诞礼，一般在四十岁以后开始举行。生日那天举行庆生仪式，亲友会送寿礼致贺。

丧礼是最重要的人生仪礼。中国人重视送亡，亲戚朋友都来吊唁，为了表示哀悼，人们要奉上挽联、挽幛或礼品、礼金。每年对逝者的祭扫的礼仪也是很重要的。

礼节随着时代而变化。现在讲究人人平等、相互尊重，所以有些传统礼节已经不适用于现代社会。

各民族礼节各有特点，其他民族礼节我们以后要专门介绍一下。

第2节 各民族的禁忌举例

廖令桓去陈静思家做客。陈静思是回族，饭桌上的肉食只有羊肉和牛肉。廖令桓忽然问："你不喜欢吃猪肉吧？"陈静思瞪了廖令桓一眼，很不高兴。廖令桓感到有点儿茫然。

姜昆老师 廖令桓，你可犯了大忌了。回族人忌食猪肉。因此在礼节中禁止拿这些东西谈笑或者比喻。你犯了回族人的大忌，赶紧向陈静思同学道歉。

廖令桓 陈静思姐姐，对不起，我不知道你是回族，我以后再也不说——那个词了。

陈静思 你又不是故意的，以后要注意。

没关系，你又不是故意的。

对不起。

姜昆老师 我们需要更多了解一下民族禁忌，不然一不小心就会闯祸的。现在，大家都说说自己知道的民族禁忌吧。

祝新宇 汉族过年时有一些禁忌，譬如，很多地方春节的时候，大年初一至初三禁止踢门槛、扫地、抹灰、倒垃圾、挑水、劈柴、动用刀斧、动土和打骂。

牛津 我知道蒙古族人的禁忌，如果蒙族主人敬你喝奶茶，客人通常不能拒绝，不然是非常失礼的行为。在蒙古包内，客人也不能随便坐、蹲，更不能在包房内吐痰。

郭子慧 我曾经去过蒙古族人家里玩。他们是非常爱家、爱孩子的民族，所以非常忌讳夫妻离婚，认为这是最不道德、不吉祥的事情。

陈静思 我了解过有关藏族人的一些禁忌。藏族人佩戴的佛珠为圣物，不可触摸。藏族人家门口生火、贴红布条、插树枝或者门口木杆倒立，表示家里正有人生病或者妇女生育，忌讳他人入内。

谢颉安 我去海南旅游过。当地居住着不少黎族人。他们住在船型屋内，平时禁止戴着草笠进屋，也不得在屋内吹口哨、扛锄头。

陈静思 我有亲戚居住在新疆。我听说过那里维吾尔族的忌讳——维吾尔族人晚上睡觉时，不能头东脚西或者四肢平伸。他们吃抓饭时禁止满盘子乱抓，更不能将抓过的食物再放入盘子里。

谢颉安 我知道彝族人的礼仪。彝族人待客以酒为上品，有"无酒不成敬意"之说。如果主人敬酒不喝，则会被认为是看不起主人。彝族人还不能对初生的婴儿说胖、壮、漂亮之类的话，相反要说一些黑、丑之类的难听话。他们认为孩子夸多了容易夭折。

在蒙古包内，客人也不能随便坐、蹲，更不能在包房内吐痰。

祝新宇 我有一个纳西族同学。我知道纳西族的禁忌，他们十分尊重自己和他人的劳动成果，凡是践踏庄稼、毁坏森林、污秽水源的行为，都会遭到舆论的谴责，会根据情节予以惩罚。

郭子慧 爸爸告诉过我，俄罗斯族人最忌讳数字13，认为它是鬼数，最不吉利。

姜昆老师 很好，今天我们知道了很多民族禁忌。当我们在和其他民族进行沟通时，这些礼节和禁忌会帮助我们更加愉快地交谈和相处。

礼仪小贴士

◎ 维吾尔族人在诵读《古兰经》或做礼拜时不宜打扰。

◎ 维吾尔族人家中只有女人时，男客不得轻易入内。

◎ 维吾尔族人为你倒茶时，你要举起双手、举起茶碗，但不可为表示亲密替主人倒茶，更不可帮主人做事。

◎ 忌踏入维吾尔族人做饭的地方，忌用鼻子嗅主人送上来的食物。如果想要拍照，也一定要征得主人的同意。

◎ 维吾尔族人忌在户外穿短裤。住宅大门忌讳朝西开。

◎ 藏族主人给客人倒酥油茶，客人不能一次喝完，要先喝一半，等斟满后再喝，最后也不能全部喝干，要留下来少许表示财富充足。

藏族人喝茶时不能发出很大的声音，也不能将茶全部喝光，否则会被视为没有教养。

◎ 藏语有"一碗成仇"的说法。即客人一般需饮茶三碗，如果只喝一碗，是非常不吉利的。

◎ 藏族人的法器、火盆、经筒、经轮不得逆转。

◎ 蒙古族人骑马、驾车接近蒙古包时忌重骑快行，以免惊动畜群。

◎ 蒙古族人不能做西炕，因为西面是供佛的方位。

◎ 蒙古族人办喜事忌用黑色和黄色，办丧事忌用红色和白色。

第1节 欧美国家的礼节举例

廖令桓的妈妈暑假要带他去英国姨妈家探亲，廖令桓于是问："姜昆老师，去英国探亲我该注意哪些礼仪呢？"姜昆老师决定在课堂上，讨论一下国外的礼仪知识。

姜昆老师 现在出国旅游的人越来越多。廖令桓要去英国，那我们就先从英国说起吧。首先要了解英国人的思维习惯——英国人非常注重个人想法，也尊重其他人的想法和生活，所以他们除非受人之托，否则是不会干扰、评论其他人的事。

陈静思 我听说英国人不轻易动感情或表态，他们认为夸夸其谈是缺乏教养的，自吹自擂是低级趣味的。是不是这样呢？

姜昆老师 没错。这是因为英国人说话、行事很注重逻辑性，如果交涉中某些事情未能如愿，他们不会强人所难，也不会诉诸感情以求达到目的。因此，英国人以冷静的绅士风度著称。

谢颉安 那他们应该非常懂礼貌了。

陈静思 是啊，英国人在人际交往中很注意使用礼貌用语，譬如"请""对不起""谢谢"等，他们在家庭成员中也是一样用。

牛津 我知道英国人非常喜欢用疑问句表达所要求的肯定意思。比如，英国人说："您能帮我倒杯茶吗？"虽是疑问句，却有不容置疑的、既肯定又显得亲切客气的语气。

戴若凡 疑问句表达肯定语气，听起来真是很温和呢。那么英国人怎么称呼别人？

姜昆老师 英国人对尊长、上级、不熟悉的人用尊称，并在对方名字前

英国人比较冷静理性，不会强人所难，所以提起英国人，人们就会想到"绅士"。

加上职称、头衔，或者先生、女士、夫人、小姐等称呼。不过呢，英国人对亲友和熟人也是常用昵称的。

廖令桓 听说英国人喜欢喝下午茶，是吗？

陈静思 喝下午茶，几乎是英国人必不可少的生活习惯，即使正在开会，他们也要暂时休会饮用"下午茶"。

廖令桓 如果到了英国有人请我喝下午茶，我是不是应该客气一下？

陈静思 英国人在交际中不喜欢客套。如果他邀你喝下午茶，或者参加宴会之类，肯定是对你表示满意并希望关系能进一步。如果你客气地表示"不麻烦了""不去了"，他绝不会再说第二遍，因为他认为这意味着拒绝。而且，如果你受到了英国人的款待，那么一定要表示感谢，否则会被认为不懂礼貌。

谢颉安 我想问问，在英国怎样送礼才合适呢？

牛津 在英国，收礼和送礼的双方都应该尽量避免感情的外露。至于送礼的时机，一般是请人用餐或者剧院看完节目之后。而且英国人认为，当着送礼人的面打开礼物包装，可以表示欣赏和赞美，这是对送礼人的尊重和感谢。

戴若凡 我觉得很多欧美国家都喜欢当着送礼人的面打开礼物包装的。

姜昆老师 是啊，欧美大部分国家都是这样的。有很多礼节也是共同的。譬如美国人也要求准时守信，如果答应邀约却因特殊情况不能准时赴约，一定要打电话通知主人。这个礼节在很多国家都是一样的。和外国朋友打交道时，不要为了客套随意发出邀请，如"改天我请你吃饭"或"哪天咱们聚聚吧"，外国人在这方面很认真，会将我们的客套当真。

廖令桓 看来礼仪有时也有一样的。

陈静思 有一样的，也有完全相反的。我要告诉大家一个英国和美国在拜访礼节方面的截然相反的例子。英国人认真谨慎，如果邀请你赴宴，那他是实打实地准备和你继续正式交往或合作。而美国人呢，他们热情奔放，可能刚遇到你就会邀请你去家里玩，但是过一段时间，就可能会把你给完全忘记了。

礼仪小贴士

◎ 美国人的见面礼有亲吻和握手。亲吻礼是彼此关系很熟悉的一种礼节；握手礼多用于与客人见面。

◎ 应邀去美国人家中做客，最好给主人带一点化妆品、儿童玩具、本国特产之类的东西。

◎ 去美国人家里做客，对主人家中的摆设多说赞美之词，忌询问价格。

◎ 美国人谈话时，习惯身体距离保持在120～150厘米。

◎ 12岁以上的美国男孩便享有"先生"的称号，但他们更喜欢别人直接叫自己的名字。

◎ 美国人很少用正式的头衔来称呼别人，除非在正式的公务商务等场合。

◎ 拜访美国人应注意宗教节日。圣诞节和复活节前后两周不宜出访，6-8月属于度假时间也不宜前往拜访。

◎ 在英国忌送百合花，因为英国人认为百合花意味着死亡。

◎ 法国人爽朗热情，善于高谈阔论，好开玩笑，他们不喜欢不讲话的人和愁眉苦脸的人。

◎ 法国人喜欢喝酒，而且讲究在餐桌上用不同品种的酒水搭配不同的菜肴。

◎ 法国人用餐时两手允许放在餐桌上，但不许将两肘支在桌子上。

◎ 餐桌上放下刀叉时，法国人习惯将它们一半放在碟子上，一半放在餐桌上。

◎ 法国人对礼物有特别的讲究，宜送有艺术品位和纪念意义的礼物。不宜送刀、剑、剪、餐具和带有明显广告标志的礼物。

◎ 法国人接受礼物时，一定要当着送礼人的面打开包装，否则是不礼貌的行为。

135

第2节 亚洲国家的礼节举例

大家在上节课讨论了欧美国家的礼仪。这节课，姜昆老师要讲讲亚洲国家的礼仪。

姜昆老师 亚洲各国中，大家最想知道哪个国家的礼仪？

陈静思 我觉得日本这个国家的礼仪很多，需要多了解一些。

戴若凡 我听大人们说，"面子"是日本人最重视的东西。与日本人打交道，应时时记住给对方面子。是这样吗？

姜昆老师 是的。如果想知道更多的日本国家礼仪，最好先了解日本人的克制和忍耐，因为这体现了日本人的价值观。

陈静思 我知道，日本人对自己的感情通常不会轻易流露。他们说话很委婉，很少直接拒绝对方。即使是意见不统一，日本人也尽量会用含蓄的方式对待争议，避免与对方直接产生争辩。

姜昆老师 没错，日本人不喜欢有对抗性的言行，也不喜欢急躁的风格，所以在跟日本人打交道的过程中，保持耐性是非常重要的礼仪。

陈静思 如果遇到一个商业会谈争议，日本人会怎么解决呢？

姜昆老师 日本人在谈判中喜欢拖延时间，他们往往用这种方法使对方变得急躁而做出让步。这是日本人常见的处理问题的方法，也是日本人的谈判策略。

陈静思 现在的日本人性格坚韧且有礼貌，这点是要学习借鉴的。

姜昆老师 知恩图报是日本人普通又极其重要的事情。每个人都特别在意此事。

郭子慧 日本人如何感谢和回报别人？

姜昆老师 感谢和回报不拘泥于送礼，但是送礼确实也是表达感谢的一种形式。而且，日本人有送礼的癖好。我们可以送对主人毫无用途的礼物，因为收礼人还可以转送给别人。用红色彩带包扎的礼物很受日本人欢迎，它象征着身体健康。

郭子慧 那就在礼物包装上打个红色的蝴蝶结吧。

姜昆老师 忘了提醒大家，日本人不喜欢在礼物包装上系蝴蝶结。

郭子慧 这个禁忌可真奇怪。对了，日本人为什么总喜欢鞠躬，他们腰不疼吗？

姜昆老师 日本人不喜欢彼此握手，所以鞠躬成为他们见面和分手的必行之礼。

牛津 面对的人不同，日本人鞠躬的程度也不同。这个我知道。

姜昆老师 那你跟大家说说吧。

牛津 日本人90度的鞠躬礼，表示特别的感谢和特别的道歉。45度的鞠躬礼，一般用于初次见面，也用于饭店或商场等服务员对顾客的欢迎。30度的鞠躬礼，多用于日常打招呼，比如早上见到同事、关系比较亲密的朋友相见等。不过，随着各国国际化的发展，日

如果日本人对我们行鞠躬礼，我们应该点头致意或稍微弯一下腰，同时将手伸向对方握手。

本人也逐渐习惯于用握手代替鞠躬了。

戴若凡 如果我们遇到日本人向我们鞠躬，我们该怎么还礼呢？

姜昆老师 同为日本人，他们会行一样的鞠躬礼。但如果是外国人，遇到日本人90度的鞠躬礼时，我们应该点头致意或稍微弯一下腰，同时将手伸向对方握手。

谢颉安 哦，这样啊！我还听说日本人聚餐喜欢AA制，是真的吗？

姜昆老师 是啊。日本人非常注意不给别人添麻烦。即使是朋友间上餐馆、酒吧，如果事先没有说明谁请客，都会采用AA制的形式。

陈静思 日本人认为香烟有害身体，所以他们吸烟时很少主动敬烟给别人。

戴若凡 姜昆老师，我们知道了这么多国外礼仪，还有什么特别禁忌需要注意呢？

姜昆老师 这个问题我们下节课讨论。

礼仪小贴士

◎ 日本人喜欢通过介绍人与他人首次接触。介绍人名望高、信誉好，就很容易迅速确立友好关系。

◎ 韩国人喜欢互相斟饮，被人劝酒时不可拒饮，但实在不能饮酒可说明情况。

◎ 韩国人用双手接礼物，但不会当着客人的面打开。

◎ 韩国人用餐时，有席地盘坐的习惯。晚辈在长辈面前应跪坐在自己的脚底板上，无论是谁，绝对不能把双腿伸直或叉开，否则会被认为是不懂礼貌或侮辱人。

◎ 照相在韩国受到严格限制，军事设施、机场、水库、地铁、国立博物馆、高层建筑以及娱乐场所都是禁照对象。

◎ 泰国人相见时，一般双手合十，互致问候。但是在特定场合，比如平民、贵族拜见国王和国王近亲，此时就需要行跪拜礼。

◎ 泰国人在坐着的人面前走过时，要略微躬身，以表示尊敬。

◎ 泰国人认为左手不洁净，所以交换名片、接受礼物都使用右手。

◎ 泰国是微笑之国，发脾气是下策，泰国人认为这是卑劣的仪态。

◎ 不可当着泰国人的面说对佛祖和国王轻率的话。

◎ 泰国人认为头是灵魂所在，是不可侵犯的，不能触摸别人的头。

◎ 在泰国，在众目睽睽之下与人争执，会被认为是最可耻的行为。

◎ 泰国人睡觉时忌讳头朝西，因为日落西方象征着死亡。

◎ 在泰国，脚被认为是低下的，所以不能在泰国人面前盘腿而坐，不能以鞋底对着人。

◎ 泰国人认为门槛底下住着神灵，所以不能踩踏泰国人的门槛。

◎ 阿拉伯国家日常生活中实行男女隔绝的风俗，有专门由女人掌握的为女人开设的银行、学校、娱乐场所、公园。

◎ 阿拉伯国家婚姻往往需要媒人的介绍。即使是恋爱中，男女青年也不可单独相处，女方的弟弟往往会陪姐姐去跟男友约会。

◎ 去海湾国家的阿拉伯人家做客时，事先尽量空腹，因为主人会频频劝吃，只有吃得多才能表示你很喜欢主人的饭菜。

◎ 阿拉伯国家最重要的节日是开斋节和宰牲节。

◎ 当阿拉伯人做礼拜的时候，不可打扰他们，更不可表现出不耐烦。

◎ 阿拉伯国家的男人之间牵手走路，是互相友好和尊重的表示。

◎ 阿拉伯人不穿半透明的衣服和紧身衣。在阿拉伯国家也不能穿短裤、无袖衬衫等过于暴露肌肤的衣服。泳池禁止穿三点式泳装。

◎ 阿拉伯人谈话时，习惯双方距离很近，以表示友好。因为距离近，阿拉伯人非常注重香水使用。

第3节 各国禁忌概述

"不懂国外礼仪可能会被嘲笑，但在国外不懂当地人的禁忌，会遇到大麻烦的。"姜昆老师告诉大家，"这节课我们了解一下国外禁忌。"

谢颉安 禁忌的事情做了会怎么样？

陈静思 有些国家的民族禁忌做了之后轻则受罚，重的还会遭遇官司呢。

郭子慧 好严重啊。姜昆老师您快跟我们说说吧。

姜昆老师 其实大家也没必要那么紧张。禁忌大部分没有那么可怕，我们了解并注意不要犯了禁忌就是。国外禁忌大家了解多少？

廖令桓 我知道英国人认为大象是愚笨的，孔雀是祸鸟，认为孔雀开屏是自我吹嘘和炫耀。到了英国，千万不要拿这些动物形象夸奖人。

陈静思 如果我们和英国人坐着谈话，忌讳双腿张得过宽，更不能翘起二郎腿，这是很不礼貌的；如果站着谈话，我们不能把手插入衣袋；也忌讳当着他们的面耳语或者拍打肩背；如果有人用手捂着嘴看着他们笑，这也会被看做是嘲笑人的无礼举止。

廖令桓 妈妈说英国老人不喜欢称他们为"老"人，甚至不能在言谈举止中对他的年龄有所暗示，更不能做不必要的搀扶。

姜昆老师 其实在欧美崇尚健康活力的国家，他们都不希望被称为"老"，这是我们去那里需要注意的礼仪。在公共交通工具上，女士也不要给老年男士让座位，这会被理解为暗示对方很老，而且男士作为绅士一定会礼让女士。

没错。在欧美一些崇尚健康活力的国家，"老"字最好不要说到。

英国老人不喜欢称他们为"老"人，甚至不喜欢被人搀扶。

姜昆老师 亚洲国家也有一些禁忌吧，大家谁说说？

陈静思 韩国在民间仍然讲究"男尊女卑"，男女一同就座时，女士应自动坐在下席，并且坐得不能高于男士。女士不应该在男士面前高声谈笑等。这是我们女士需要注意的。

谢颉安 是的，听说韩国女士一般不与男士握手，而往往用鞠躬或点头代替。

郭子慧 在韩国穿一身名牌的人往往被他人看不起。

戴若凡 韩国进屋有脱鞋的传统习惯，要换上备用拖鞋。另外，与韩国人进行商务谈判时，要尊重他们的生活方式，这样会获得他们的好感。

牛津 韩国人非常重视公共场合的整齐干净和良好秩序，随地吐痰被认为是缺乏公德意识的行为，而且会受到惩罚。

祝新宇 韩国人喜欢单数，忌讳用双数，忌讳用"4"这个数字。

姜昆老师 大家怎么知道这么多韩国礼仪？难道也喜欢看韩剧？不过，我还要提醒大家，与韩国人谈话时，目光不要游移不定，要与对方眼光接触，以表示诚意。

陈静思 听说有些国家的人不愿谈及政治、宗教等敏感问题。

姜昆老师 没错，大家回头看看小贴士。

礼仪小贴士

◎ 法国人视桃花为不祥之物，瑞士人视猫头鹰为死人的象征。

◎ 欧美人忌谈私人问题，如收入、年龄、信仰等。比利时人忌讳蓝色。

◎ 西方人把"13"视为不吉利的数字，"星期五"也被视为禁忌。

◎ 日本人送花时忌讳荷花，颜色则忌讳绿色。

◎ 日本人忌讳数字"4""9"，日语中"4"和"死"同音，"9"和"苦"接近。

◎ 日本人忌讳倒贴邮票，因为这暗示着断交。

◎ 日本人送礼忌讳送有动物形象的礼物，尤其是狐狸图案的礼物。

◎ 在泰国，对国王的任何不敬，可视为冒犯法律而受到处罚。

◎ 在泰国，不能穿着鞋子进入供奉佛像的寺堂内。

◎ 阿拉伯女子不能昂首挺胸而行，必须低头无声疾行。

◎ 在阿拉伯国家，一般见不到女主人，谈及和问候女主人都是失礼的。

◎ 不能单独给阿拉伯人的妻子送礼物，但给他们的孩子送礼物会受到欢迎。

◎ 同阿拉伯人谈话应禁止谈论政治、宗教，也禁止谈论一些动物。

◎ 不要评论别人的宗教信仰，如果你确实想与人讨论某种信仰，那就先去仔细了解研究。

第1节 手势的礼节

"手势也可以表达丰富的内容，我们今天讨论一下吧。"姜昆老师站上了讲台。

不同的手势表达不同的感情。

谢颉安 手势可以表现非常丰富的含义，表达的感情也非常的微妙复杂。

姜昆老师 大家知道多少手势，都说说看吧！

郭子慧 手势有招手致意、告别、拍手称赞、拱手致谢、举手赞同、摆手拒绝。

姜昆老师 很好，说得很全了。

陈静思 手抚是爱、手指是怒、手搂是亲、手捧是敬、手遮是羞。如果我们能恰当运用手势的含义，或是发出信息，或是表示喜恶、表达感情，就能够帮助自己正确表情达意，会为自己的交际形象增辉。

戴若凡 我知道在不同国家、不同地区、不同民族，由于文化习俗的不同，手势的含义也有很多差别，甚至同一手势表达的含义也不相同。

郭子慧 是啊，所以要正确了解当地人的手势含义，并且恰当运用手势，才不至于做出无礼的行为。譬如，招手在中国主要是招呼别人过来，在美国却是叫狗过来。

戴若凡 哈哈，看来在美国不能招手让人过来，那样对别人很不尊重。

郭子慧 是啊，所以入乡随俗很重要。

祝新宇 我们在交际活动时，要注意避免运用一些不好的、严重影响形象的手势。比如当众搔头皮、掏耳朵、抠鼻子、咬指甲、手指在桌上乱写乱画等。

陈静思 另外，手势运用宜少不宜多，多余的手势会给人留下装腔作势、缺乏涵养的感觉。总体上来说，美国人、法国人用手势较多，北欧人就很少使用手势。

牛津 是啊，过多的无意识的手势会令人心烦意乱，有时甚至被认为是粗鲁放肆的表现。亚洲人的手势不多。与亚洲人交谈，应尽量少使用手势。

戴若凡 还有什么不应该运用的手势呢？

相同的手势，如果环境或对象不同，那么也会产生不同的效果。

今天讨论了很多手势礼仪，同学们在生活学习中要活学活用哦！

145

陈静思 很多人喜欢做单手或双手抱在脑后的姿态，这个动作本意是放松。但是，如果我们在别人面前，特别是给我们服务的人的面前，这么做的话就会给人一种目中无人的感觉，会让人反感。

牛津 还有摆弄手指，有人自己反复摆弄手指，要么活动关节，要么捻响，要么攥着拳头，或是手指动来动去，往往会给人一种无聊的感觉，让人难以接受。

姜昆老师 是啊，大家今天说了很多手势的礼仪。

礼仪小贴士

◎ 竖大拇指，一般表示顺利或夸奖。但也有很多例外，比如在美国和欧洲部分地区，竖起大拇指表示要搭车，在德国表示数字"1"，在日本表示"5"，而在澳大利亚表示骂人话——"他妈的"。与别人谈话时，将大拇指翘起反向指向第三者，表示对第三者的嘲讽。

◎ OK手势源于美国，表示"同意""顺利""很好"；而在法国表示"零"或"毫无价值"；在日本表示"钱"；在泰国表示"没问题"；在巴西表示粗俗下流。V形手势是二战时的英国首相丘吉尔首先使用的，已传遍世界，是表示"胜利"之意。不过，如果掌心向内比"V"，就变成骂人的手势了。

◎ 举手致意，表示问候、致敬、感谢。当你看见熟悉的人，又无暇分身过去问候时，就举手致意，可以立即消除对方的被冷落感。举手致意时掌心向外，面对对方，指尖朝向上，自然地伸开手掌。

◎ 握手是在见面之初、告别之际、慰问他人、表示感激、略表歉意等时候用的手势。握手时，一般尊者、地位高者先伸手，地位低者后伸手。和人握手时，一般握3～5秒钟即可。通常用右手和人相握。

第2节 学礼仪培养正确价值观

文明礼仪是社会主义核心价值体系的具体体现。

姜昆老师 中国礼仪文化中蕴含着向善、为和、有序的价值观念，将它们进行现代文化阐释，能更好地融入当今社会，使之与友善、和谐、文明、法制等现代价值观念相联系，成为涵养正确价值观的重要源泉。

陈静思 进行礼仪文化教育，可以作为促进正确价值观教育的内容，是把价值观教育落小、落细、落实的重要措施。

祝新宇 道理懂了，我们都要抓细节落实。

姜昆老师 首先，我们要追求善良的价值观念。从个人的视角看，礼仪是一种"向善"的价值追求。礼仪表现出善良的人性，雍容大度的仪态，彬彬有礼的行为。庄重诚敬的仪式，表明与人为善的态度，善良宽容的心灵。

陈静思 从社会的视角看，礼仪是一种"为和"的价值追求。礼仪是以建立和谐关系为目标的行为规范，礼让包含对自我的克制，对他人的理解，体现以礼待人的尊重，乐群贵和的美德。

牛津 我们还要追求秩序的价值观念。从国家的视角看，礼仪是一种"有序"的价值追求。礼仪是经世治国的道德秩序，人们遵循礼仪规范，各就其位，各司其职，社会就会秩序井然。

陈静思 中国传统礼仪文化既有着旺盛的生命力，也有着很强的渗透力。为此，我们应借鉴传统礼仪文化的教育方法，提高我们自身的修养，引导社会行为规范。

祝新宇 礼仪文化发生作用的方式，是使礼仪意识变为礼仪行为，

147

再使行为变为礼仪习惯，从而形成具有良好道德的社会氛围。

姜昆老师 总体来说，礼仪价值观念引导社会行为规范主要有三条路径：第一条是，通过社会认同使社会礼仪观念转变为个人价值取向，融入每个社会成员的思想意识之中，随之以个体意识的外化实现群体意识的外化。

姜昆老师 第二条是，在社会礼仪观念的指导下，制定具体的礼仪规

礼仪是经世治国的道德秩序，人们遵循礼仪规范，社会就会秩序井然。

范，包括社会礼仪规范和职业礼仪规范，并通过礼仪规范的普及和教育最终体现礼仪价值观念。

姜昆老师 第三条是，用礼仪观念和礼仪规范引导和调控人们的行为，对不符合礼仪规范的行为进行调整。

牛津 这需要个人和全社会所有单位的参与，对吧？

姜昆老师 对，如果我们能实现这三条路径的持续拓展，礼仪文化与社会行为规范将会不断地融合。这不仅有利于培育生活情景和行为方式，也能将"提高大家的文明素养"这一口号真正落到实处。

陈静思 我们应该将礼仪文化教育纳入公民教育，融入家庭、学校和社会教育之中。懂礼仪是每个公民应该具备的素质，应该成为公民教育的重要内容。

牛津 礼仪教育可以通过家庭教育，从娃娃抓起，形成礼仪习惯；通过学校教育，学习公民礼仪，掌握做人准则；通过社会教育，学习职业礼仪，掌握从业规则。通过各个环节的礼仪教育，使每个公民学习和掌握做人的规范、做事的守则。注意的是家长也要跟上呀！这个对孩子影响太大了。

陈静思 还可以将自律和他律有机地结合，使礼仪文化变成礼仪行为和礼仪习惯。中国礼仪文化强调自律，西方礼仪文化强调他律。我们应该将自律和他律有机地结合，保障各种礼仪规范和公约守则为人们自觉地遵守或者从不自觉到自觉地遵守。

牛津 还可以通过一些仪式和活动，传播主流价值，增强人们的认同感和归属感。通过有效的制度设计和安排，使礼仪文化成为每个人的礼仪行为，变成全社会的礼仪习惯，在传播核心价值观中发挥重要作用。

第3节 人与自然的礼仪

"人有生命，草木、走兽、飞禽也有生命。它们的生命和我们的生命是一样的吗？"戴若凡提出了这个问题，在课堂上引起了一番讨论。

戴若凡 世界上并非只有人类才具有生命，天上飞的小鸟有生命，地上爬的蚂蚁有生命，海中游的鱼儿有生命，甚至花园里的小草也有生命。

郭子慧 姜昆老师，所有的生命都是一样的吗？

姜昆老师 我先说说自然科学家对生命的部分解读吧。首先，生命是由各种原子、分子组成的，生命都由基因控制，基因在生命的各个阶段发出不同指令，这时的生命包括了孕育、诞生、成长、衰老、死亡等过程，所有生命都如此。进化论认为生命是由低级到高级不断进化而来的。有些文化认为人是被创造出来的，比如中国传说的"女娲造人"和西方文化中的"上帝造人"等。

谢颉安 我们除了尊重人类的生命，也应该尊重爱护所有动植物的生命吗？

姜昆老师 说得没错，我们的礼仪，除了要尊重人的生命，也应该尊重所有动植物的生命，甚至那些没有生命的山川、土壤、水源、空气……我们都要保护和尊重它们的存在和规律。

陈静思 姜昆老师说得真好。不过我想问问，人的生命与其他类型的生命的区别究竟在哪里呢？

姜昆老师 西方古代和近代哲学家断言，人的生命的根本特征在于人

jù yǒu lǐ xìng　　yà lǐ shì duō dé rèn wéi　　fán yǒu shēng mìng de shì wù dōu yǒu líng hún　　bù jǐn rén yǒu
具有理性。亚里士多德认为，凡有生命的事物都有灵魂，不仅人有

líng hún　　zhí wù hé dòng wù yě dōu yǒu líng hún　　zhí wù de líng hún bèi jiào zuò yíng yǎng líng hún　　yīn wèi tā
灵魂，植物和动物也都有灵魂。植物的灵魂被叫做营养灵魂，因为它

zhǐ jù yǒu xiāo huà yǔ fán zhí de gōng néng　　dòng wù de líng hún bèi jiào zuò gǎn xìng líng hún　　zhè zhǔ yào shi yīn
只具有消化与繁殖的功能；动物的灵魂被叫做感性灵魂，这主要是因

wèi tā jù yǒu gǎn xìng zhī jué hé yù wàng gōng néng de yuán gù　　rén lèi de líng hún zé bèi chēng zuò lǐ xìng líng
为它具有感性知觉和欲望功能的缘故。人类的灵魂则被称作理性灵

hún　　yīn wèi rén de líng hún bù jǐn jù yǒu yíng yǎng de gōng néng hé gǎn zhī de gōng néng　　ér qiě hái jù yǒu sī
魂，因为人的灵魂不仅具有营养的功能和感知的功能，而且还具有思

wéi huò tuī lǐ de gōng néng
维或推理的功能。

陈静思 zhè yě bù néng zhèng míng rén lèi bǐ qí tā wàn shì wàn wù gèng gāo guì shì ma
这也不能证明人类比其他万事万物更高贵是吗？

姜昆老师 yǒu yì zhǒng guān diǎn rèn wéi　　wàn shì wàn wù dōu shì hé rén lèi yí yàng píng děng de cún zài
有一种观点认为，万事万物都是和人类一样平等的存在。

wǒ men rén lèi yào zūn zhòng hé ài hù zì rán jiè zhōng de wàn shì wàn wù
我们人类要尊重和爱护自然界中的万事万物。

牛 津 xiàn dài shè huì duì shēng mìng de qǐ yuán hé fán yǎn kē xué de jiě shì shì dá ěr wén de jìn huà
现代社会对生命的起源和繁衍科学的解释是达尔文的进化

lùn
论。

wǒ men de lǐ yí　　chú le yào zūn zhòng rén
我们的礼仪，除了要尊重人
de shēng mìng　　yě yīng gāi zūn zhòng suǒ yǒu dòng zhí
的生命，也应该尊重所有动植
wù de shēng mìng　　shèn zhì zhè shì jiè de yí qiè
物的生命，甚至这世界的一切。

姜昆老师 没错。进化论里认为人是由古代的生物物种经过长久的进化而来的，这种观点是主流观点。还有学者认为，人类是由宇宙里的智慧生命创造的；也有观点认为人类是"上帝"创造的，不论什么观点，都需要我们进一步研究证实。不论认同什么观点，我觉得我们都应该尊重生命和自然的一切，因为人类生存的一切都来源于大自然，人类个体的生存都离不开彼此的帮助。所以我们应该彼此相爱，爱护动植物、爱护我们的环境。

礼仪小贴士

◎ 有些文化认为万物是平等的。

◎ 现代生物学和遗传学证实，人类和生命都是由基本的细胞单位组成，并且大都具有相同的遗传机理。人类作为生命，与其他所有生命都有共同的根源，都具有共同的本质。

◎ 从原则上讲，人类与所有生命物种都是平等的，并没有特殊的地位。中国古代生态伦理文明中的平等观，不仅仅局限于动植物等生物生命，也包括整个宇宙生命在内。

◎ 有的文化认为人要彼此相爱，并在爱中得到满足。这种人与人之间的相爱，强调的不是异性之间的相恋，而是各种不同性别、种族、性格、地位之间的人们相助相爱。

礼仪总结课

姜昆老师 同学们，前面我们讲了在很多场合中应该注意的礼仪、礼节和礼貌，比如在家庭中、在学校里、在商场、在剧院、在聚会时，或者去看一场足球比赛时……生活中无处不见礼的存在。而我国自古便有"文明古国"、"礼仪之邦"的美称。从人类最初向神秘的自然表示敬畏和祈求，并由此形成了早期的宗教祭祀活动开始，礼仪便随之发展而来。而我们现在比较常用的现代礼仪，主要形成于新中国成立之后。

礼仪，既是一个人内在修养和素质的外在表现，也是协调人际关系和活动的行为准则，更是确保家庭和睦、社会和谐、世界和平的道德规范。在所有礼仪中，家庭礼仪无疑是基本。因为家庭是社会的细胞，只有细胞健康国家社会才能长治久安，所以，我们从小就应该注意家庭礼仪的学习和运用，礼貌对人，文明行事。当每个人都注意个人礼仪时，整个社会就会形成良好的道德风尚。当然，家庭礼仪不仅孩子要学，成年人也应该学习。实际上，现在很多成年人在人际交往中会忽略言谈举止的礼仪。这是非常不好的，也是不对的行为。因为礼仪是互相的，只有彼此平等尊重，才会使双方的关系更为融洽。还有一些成年人，在对待自己的兄弟姐妹、年老的父母时不注重礼仪，有的甚至兄弟相搏，妯娌相斥，从而做出违背骨肉亲情的行为，引发一起起悲惨的家庭事件，造成恶劣的社会影响。这些都给

153

我们敲响了重视、学习家庭礼仪的警钟。

另外，随着社会文明的发展和进步，礼仪必然也会不断向前发展。当新的礼貌、新的礼节、新的礼仪出现时，作为未来的主人，希望大家都能跟上时代的步伐，积极地掌握并运用更多的礼仪在平时的学习和生活中。因为，礼仪不仅有助于你们现在的成长，更会在你们以后的人生之路上产生重要的影响和意义。总之，礼仪对你们一生都将大有裨益。

同学们，我们的礼仪课暂时讲到这里。但是，生活中还有许多的礼仪在等着我们去学习、掌握，希望我们每一个人都能成为家庭和学校的礼仪榜样，成为真正"高贵"的人！

家庭是社会的细胞，只有细胞健康国家社会才能长治久安，所以，我们从小就应该注意家庭礼仪的学习和运用。

- 父母和子女是家庭中最为亲近的人，父母和子女之间终生负有法律上和道义上的责任和义务。

- 在家庭中，兄弟姐妹间要包容谦让。家庭的温暖比金钱利益重要。

- 父母担负着爱护和养育子女的责任，子女担负着赡养和尊重父母的义务。

- 父母既要规范子女的言行，又要鼓励子女参加集体活动和社会活动，注意培养孩子的自立意识和独立生活的能力。

- 孩子不应对父母的叮嘱表现出厌烦情绪。不跟父母顶嘴、生气。

- 父母工作十分辛劳，作为子女要学会理解、体谅父母的心情。

- 不做自私自利的孩子。尊重父母的隐私权和选择权。

- 记住父母的生日。在爸爸妈妈过生日时要说"生日快乐"，也可以动手为爸爸妈妈准备一个小礼物。

- 小朋友要学会自理，同时在平时生活中为父母做一些力所能及的事情，如扫地、擦桌子、摆碗，陪父母开心地聊天。

- 青少年要多听父母的谆谆教导，不暴躁，多与父母沟通。

- 成年子女应承担赡养父母的义务，对父母生活上照顾周全，经济上也尽力相助。

- 人到老年，由于生理和心理等原因，容易产生一种孤独被冷落感。作为子女，要多陪父母谈心或参加一些活动，在感情上多加理解和安慰父母，使父母保持轻松愉快的心情。

- 关心父母的身体健康，最好安排定期检查。

- "代沟"是阻碍父母与子女之间沟通的主要隔阂。子女要理解父母的生活方式，谅解父母的传统心理。

- 子女应当学习父母的生活经验和稳健作风，父母也应当向子女学习新的生活观念和新知识，彼此尊重，才能缩小"代沟"。

尾声

姜昆老师 礼仪课就讲到这里，大家谈谈感想。

戴若凡 学了这么多礼仪知识，让我懂得更多了。

郭子慧 懂礼仪的我，会成为一个受人欢迎的小女孩。

廖令桓 懂得道理，让我不再鲁莽，我的收获真不小。

谢颉安 有礼走遍天下，我去国外上小学也很自信。

祝新宇 礼仪小课堂，让我收获了礼仪知识。

牛　津 懂得礼节，让我成为一个更有自信的大学生。

陈静思 懂礼仪，让我有信心走得更远更愉快。